Christian C

Die Hermannsschlacht

Christian Dietrich Grabbe: Die Hermannsschlacht

Berliner Ausgabe, 2013
Vollständiger, durchgesehener Neusatz mit einer Biographie des
Autors bearbeitet und eingerichtet von Michael Holzinger

Entstanden 1835–1836. Erstdruck: Düsseldorf (Schreiner), 1838.
Uraufführung am 12.09.1936, Stadttheater, Düsseldorf.
Textgrundlage ist die Ausgabe:
Christian Dietrich Grabbe: Werke und Briefe. Historisch-kritische
Gesamtausgabe in sechs Bänden. Herausgegeben von der Akademie
der Wissenschaften in Göttingen, bearb. von Alfred Bergmann,
Emsdetten (Westf.): Lechte, 1960–1970.

Herausgeber der Reihe: Michael Holzinger

Reihengestaltung: Viktor Harvion
Umschlaggestaltung unter Verwendung des Bildes:
Zeichnung von Joseph Wilhelm Pero, um 1836

Gesetzt aus Minion Pro

Verlag, Druck und Bindung:
CreateSpace Independent Publishing Platform, North Charleston,
USA, 2013

Inhalt

Personen

Hermann, Fürst der Cherusker

Thusnelda, seine Gemahlin

Thumelico, sein Sohn

Ingomar, sein Mutterbruder

Segest, Thusneldens Vater

Erneste Klopp
Katermeier
Dietrich
Rammshagel
Amelung, prozessierende Cherusker

Arnold, der graue Knecht

Bartold
Fritze, Cherusker

Grüttemeier

Wigand, der Schmied

Drei Cherusker

Ein altes Weib

Haushofmeister
Pförtner
Grossmagd
Schweinejunge, auf Hermanns Hofe

Zwei alte Cherusker

Ein Chatte

Zwei Knechte

Ein Alter

Ein Marsenhäuptling

Ein cheruskischer Reiter

Zwei rückkehrende Cherusker

Der Häuptling der Brukterer

Vier Brukterer

Einer von Hermanns Gefolg

Zwei Würfelspieler

Ein Tenkterer

Der Herzog des Harzes

Der Herzog der Engerer

Der ravensberger Herzog

Ein Deutscher

Ein Deutscher aus Hermanns nächster Umgebung

Ein Herzog

Ein Bote Thusneldens

Hermanns Gesinde – Volk – Cherusker – Das deutsche Heer – Ingomars Trabanten – Die Tenkterer – Die Brukterer – Segests Knechte – Die Vortruppen der Chatten – Große

Augustus, römischer Kaiser

Livia, seine Gemahlin

Tiberius, sein Stiefsohn

P. Quintilius Varus, römischer Statthalter und Oberbefehlshaber in Germanien

Eggius, Kommandeur der neunzehnten Legion

Lucius Curio, Prätor

Lucius Cassius Vero, ein Soldat

Zwei Legaten

Ein Kriegstribun

Ein Manipelführer

Zwei Quästoren

Ein Feldarzt

Ein Schreiber

Zwei Axtträger

Zwei Vexillare

Zwei Veteranen

Zwei Soldaten

Vier Legionare

Zwei Soldaten der zwanzigsten Legion

Ein Römer

Ein Hauptmann der Prätorianer

Soldaten

Eingang

1

Der Teutoburger Wald Berghöhe zwischen Aliso und Detmold.
Eine Manipel ersteigt sie.

MANIPELFÜHRER. Die Heerstraße gehalten!
EIN SOLDAT. Wer sieht sie unter dem Schneegewirr und Baumge-
schling? Das ist ein Marsch: oft gleitet man mehr zurück als man
vorwärts kommt. – Ah, Heißhunger! Ich setze mich. Ein Stückchen
Brot –
MANIPELFÜHRER. Kennst du den Inhalt dieses Schreibens vom
Präfekten des Niederrheins an den Prokonsul Varus?
DER SOLDAT. Wie sollt ich?
MANIPELFÜHRER. Ich kenn ihn auch nicht, und muß dennoch den
Brief überbringen, ohne zu murren und müde zu tun. *Er zieht eine*
Liste hervor. »Lucius Cassius Vero, aus Ariminum, dreißig Jahre Sol-
dat.« Bist du's?
VERO. Wär ich ein anderer!
MANIPELFÜHRER. Kommilitonen, wie straft man Ungehorsam des
Legionars?
EIN VETERAN. Mit dem Tode durch Rutenhiebe seiner Gefährten.
MANIPELFÜHRER *löscht in der Liste.* So ists.
VERO. Er löscht meinen Namen, bald werden mein Rücken und mein
Leben auch ausgelöscht.
DER VETERAN. Nicht unruhig. Wir hauen aus allen Kräften, lassen
einen alten Freund nicht lang zappeln, machens mit ihm kurz ab. Sei
ein Römer, halt dich grade! *Er entblößt dem Vero den Rücken, und es*
wird gegeißelt.
VERO. Götter!
DER VETERAN. Nicht geschrieen. Du stirbst eines ehrenvollen Todes.
Paß auf!

Vero stürzt und verröchelt.

Weg ist er zu den andern.
MANIPELFÜHRER. – Geknirsch in den Bäumen?
DER VETERAN. Windbrüche. Ich kenne sie aus der Zeit des Drusus,
als wir den Elbstrom überschreiten wollten, und jenseits durch die vor
ihm niedersinkenden Fichtengehölze das Riesenweib erschien.
MANIPELFÜHRER. Posse.
DER VETERAN. Das soll mir lieb sein.
MANIPELFÜHRER. – – Was wollte das Traumgebild?

DER VETERAN. Es winkte mit langen Leichenfingern zurück, Nebel-streifen und Frost kamen über unser Heer, der Feldherr schwieg, ließ aber bald abziehn, und starb kurz darauf am kalten Fieber, wie man sagte.

MANIPELFÜHRER. Dort zwei Cherusker. Fangt sie.

Der eine Cherusker wird ergriffen, der andere entwischt.

Weshalb treibst du dich in der beschneiten Wildnis umher, just da wir marschieren?

DER CHERUSKER. Tut ihr nicht Gleiches?

MANIPELFÜHRER. Wir haben Marschbefehl. Was gukst du uns an von Kopf bis Fuß?

EIN SOLDAT. Beim Mavors, jetzt sieht er gar nach meinem gestern in den Sträuchen zerrissenen Knopfloch.

DER CHERUSKER *nachdem er gehustet hat.* Man besieht seine Leute doch erst. – Ich habe Frau und Kind in meinem Kotten. Die dürfen nicht frieren, darum such ich Fallholz und Reisig für sie. Und das ist Notbefehl.

MANIPELFÜHRER. Wie weit noch bis zum Lager des Quintilius?

DER CHERUSKER. Was wollt ihr da?

MANIPELFÜHRER. Hund, kümmerts dich?

DER CHERUSKER *für sich.* Man darf auch nicht mehr fragen. – Einen Quintilius kenn ich nicht.

MANIPELFÜHRER. So kennst du ihn unter seinem andren Titel und Namen: Prokonsul Varus.

DER CHERUSKER. Fahraus! Ja, der haust hoch an der Grotenburg in der Wohnung unsres Fürsten, in den unter Wimpern von Eichen und Buchen umschauenden Hünenringen. *Lauernd.* Mein Landesherr wird wohl dort sein und dich gut empfangen?

MANIPELFÜHRER. So viel ich weiß, ist er noch abwesend, als unser Agent im Norden.

DER CHERUSKER *für sich.* Nun betrügt er sie alle, oder nie trieb ich meinen Grauschimmel nachts auf des Nachbars Weide. – Sich bei den Fremden anstellen und von ihnen verschicken lassen? Ein Fürst? Glaubs der Teufel! Ich täts nicht und bin ein armer Bauer.

MANIPELFÜHRER. Führ uns zu den Ringen. Hier dein Lohn.

DER CHERUSKER. Doch nicht Giftiges? Ne, es klappert wie gutes Silber. *In sich.* Hinführen muß ich sie, ich nahm den Lohn dafür. Aber die Wege sollen sie nicht kennen und wiederfinden lernen und gelei-tete ich sie neunzigmal hin und her.

Folgt mir, wenns beliebt. *Er marschiert mit der Manipel abwechselnd bergauf und bergunter.*
MANIPELFÜHRER. Noch nicht da?
DER CHERUSKER. Nur noch 'nen Katzensprung.
MEHRERE SOLDATEN. Jupiter, so sprachen unsre früheren Boten auch, und ein Katzensprung begriff jedesmal ein paar Meilen.
MANIPELFÜHRER. Eure Katzen haben lange Pfoten.
DER CHERUSKER. Je nachdem. Zerrt man sie bis sie die Krallen ausrecken, dann ist nicht gut bei ihnen wohnen. – Rechts!
MANIPELFÜHRER. Abseit?
DER CHERUSKER. Das Luder von Weg dreht sich nicht anders. Wir müssen nach. – Was die Raben und Eulen früh abends schreien, und jener Wald wird schwarz von Dohlen. Auf den Gehöften bellen auch die Hunde, ganz zur ungewohnten Zeit. Nächstens viel Aas.
EIN ALTES WEIB *hinkt an einer Krücke vorbei.* Guten Abend, liebe Männchen.
DER CHERUSKER. Antwortet ihr nicht, sonst hat sie uns. Die triefäugige Hexe aus Lippspring ists. Uns die Schwindsucht an den Hals zu zaubern, ist der so leicht, als äß ich einen Topf Grütze. – Über dies Gewässer – behutsam auf seinem Windeise. Weiter, lustig! Hier wieder zurück über die Berlebecke, so nennt man nämlich den scilicet, wie ihr bei jeder Gelegenheit sagt, oder über den Bach, wie wir sagen.
MANIPELFÜHRER. Enden deine Zickzacke nicht bald, so –
DER CHERUSKER. Sie enden. Hier stehen wir vor der Grotenburg mit ihren schneeglänzenden Waldungen. Wie mitten darunter die Hünenringe dampfen und sieden! Die Fürstin läßt allzu gut kochen und braten für euch Spitzbuben. Sie sollt es Landeskindern geben. – Doch – wer weiß, wie es da oben eigentlich steht und hergeht. – Hingeführt hab ich euch. Wie ihr hinaufkommt, sorgt selbst.

Entwischt.

MANIPELFÜHRER. Ein Lump! – Axtträger lüftet den Weg durch das dichte Holz.

Zwei Axtträger treten vor und hauen Bahn.

ERSTER. Laß deinen Ellbogen aus meiner Seite.
ZWEITER. Schau links um.
ERSTER. In die Nacht?
ZWEITER. Siehst du nicht neben dir den großen, struppigten Wolf?
ERSTER. Ha – Gespenst –

ZWEITER. Das Beil nach ihm! *Er wirft es. Ein Cherusker geht vorüber und verschwindet im Gebüsch.*
MANIPELFÜHRER. Was stört euch in der Arbeit? Was schritt da vorbei?
STIMME AUS DEM WALDE. Ein Wehrwolf und Wehrmanne!
MANIPELFÜHRER *bezwingt seinen Schauder.* Haut weiter und bekümmert euch nur um euer Geschäft.

2

Der große Hünenring an der Grotenburg Hermanns Wohnung darin. Weiter Hausflur. Mittag.

THUSNELDA. Die Völker. Essenszeit.

Das Volk kommt und setzt sich an den langen Speisetisch Sie auch.

GROSSMAGD. Die Suppe –
THUSNELDA. Nicht sonderlich, wie ich schmecke, und die Portionen recht spärlich. Meine Leute sollen arbeiten, aber auch tüchtig essen.
HAUSHOFMEISTER. Beginnen wir. *Er nimmt seine Bärenfellmütze ab, die Knechte und Jungen folgen seinem Beispiel, auch die Mägde tun andächtig aller Augen sind indes immer auf die dampfende Suppe gerichtet. Thusnelda beobachtet.* Schweinejunge bete!
THUSNELDA. Warum betet bei eurem Tisch stets der Jüngste? Ich wollte dich schon oft darum fragen, Alter. Andere Sorgen machten es mich vergessen.
HAUSHOFMEISTER. Ja – nein – Wenn ichs wüßte – – Es ist uralte Sitte, Fürstin, und du weißt: »was die Alten sungen, pfeifen die Jungen.« – Doch – vielleicht – es fällt mir was ein: er muß wahrscheinlich sein Geplapper machen, weil er der Jüngste ist, und noch keine Zeit gehabt hat, soviel zu sündigen als wir übrigen.
DER SCHWEINEJUNGE *ist aufgestanden, hat mit frommer Gebärde Unverständliches hingemurmelt, setzt sich eiligst und ißt.* Ich bin fertig.
DAS GESINDE. Wodan gelobt!
THUSNELDA. Daß dich, das Schüsselgeklirr! Sie hauen in den Braten als hätten sie einen Feind vor sich auf den Tellern! – Die Speise behagt. Was kann der Hausfrau lieber sein?
EIN PFÖRTNER *kommt.* Der welsche Oberfeldherr läßt sich melden.
THUSNELDA *sinkt in Gedanken.* – wohl kann der Hausfrau etwas lieber sein als Schüsselgeklirr: das Vaterland und der Gemahl. – Hermann, den Tag, wo wir im grünen Laubgegitter des Buchenhains nach langem heimlichen Sehnen uns begegneten, und mehr zitterten, erbleichten und erröteten als die bunt durch die Blätter spielenden Strahlen der Morgensonne, – muß ich ihn vergessen? – Damals vermu-

tete ich in dem Geliebten auch Deutschlands Befreier und du wardst
Roms Skl – – *Laut*. Wer spricht? Wer wagts ihn zu verleumden? Ein
Sklav, ein römischer Speichellecker war, ist und wird er nun und
nimmer! Da unten läg er ja am Fuße dieser seiner Grotenburg zer-
schmettert von seinem berghohen Fall! – Und wärs doch möglich?
DER PFÖRTNER. Herrin?
THUSNELDA. Ach, ich vergaß. Laß den Römer ein.

Pförtner ab. Pause.

VARUS *eintretend*. Gruß, Fürstin.
THUSNELDA. Dank, Prokonsul. Nimm Platz.
VARUS. Unter dem Gesinde?
THUSNELDA. Sitz' ich nicht auch darunter? Mein Gesinde ehrt mich,
ich ehr es wieder. So gleichen Herren und Diener sich aus.
VARUS. Ländlich, sittlich, doch italisch ists nicht.

Er setzt sich.

THUSNELDA. Speise mit: Linsen, Erbsen, und Wildschweinsbraten.
VARUS. Die Hülsenfrüchte scheinen trefflich. Mein Gaumen ist nur
noch zu wenig daran gewöhnt. Aber der Braten wird um so anspre-
chender, kräftiger und delikater sein – *Er ißt, und niest gleich darauf*.
Kastor und Pollux, das beißt in die Zunge und stinkt in die Nase!
THUSNELDA. Der Eber ist ranzig. Wir lassen ihn mit Vorsatz so
werden. Er erhält dadurch einen eigentümlicheren, schärferen Ge-
schmack.
VARUS. De gustibus non est disputandum. Ich bin satt.
THUSNELDA *zum Gesinde*. Seid ihr es auch?
DAS GESINDE. Ja.
THUSNELDA *mißtrauisch*. Lügt nicht. Eßt noch.
DAS GESINDE. Wir können nicht mehr.
THUSNELDA. Räumt ab, Mägde. – Knechte, wo habt ihr eure Augen?
Müssen euch die Pferde mit den ihrigen suchen? Dort blicken sie
hungernd und durstend über die leeren Krippen auf die Tenne. Pfui,
wer speist selbst und versäumt sein angebundenes Vieh?
KNECHTE *beschämt, die Pferde fütternd und tränkend*. Die hat die
Augen überall.
EINER. Mir wirds grün und gelb vor den meinigen, wenn ich die ihri-
gen so blau auffunkeln sehe.
VARUS. Hohe Frau, wie beklag ich dich wegen des Getriebs, in wel-
chem du dich bewegen mußt. Wie leicht dir, dich an Roms gebildetere
Sitten zu gewöhnen. Gar Livia, die Kaisergemahlin, sehnt sich nach
dir.

THUSNELDA. Sie kann ja hieherkommen. Was klirrt? *Zu einer Magd.* Das Salzfaß zerbrochen? Wer einmal etwas zerbricht, macht immer Stücke – Fort aus meinem Dienst. Heule nicht, es geht nicht anders. Nimm diesen goldnen Ring mit.

VARUS. Du bist so hart als mild.

THUSNELDA. Kann man in Cheruska anders? Um uns: die rauhe, karge Natur voll Sand und Wald, die uns zwingt, das Geringste zu beachten, damit wir einen mäßigen Wohlstand bewahren. In uns: das Herz, welches auch starr und streng sein sollte, und doch oft weichliche Gefühle nicht zu unterdrücken vermag. In eurem Süden solls besser sein.

VARUS. Wie ich dir schon gesagt habe, du würdest bald unter duftenden Olivenhainen die von Regen und Frost schauernden Wälder des Nordens verachten.

THUSNELDA. Sind sie verächtlich, weshalb kommt ihr so weit her, sie zu erobern?

VARUS. Darüber zu reden, ist hier nicht Ort noch Zeit. Nur dies will ich dir vorläufig andeuten: wir mußten hier einige eurer Lande einstweilen besetzen, weil von Osten her germanische und slavische Völkerstämme einzubrechen drohen, denen ihr nicht hättet widerstehen können.

THUSNELDA. Nu – – Wo ist mein Mann?

VARUS. Er spürt den Harz aus, und kehrt bald heim.

THUSNELDA *wird finster, lehnt den Kopf auf die rechte Hand und ihre linke spielt mit einigen Brosamen.* Ei, wollt ihr wohl so liegen, wie ich will, oder seid ihr tapferer und widerspenstiger als freie Männer?

VARUS. Plötzlich ernst?

THUSNELDA. Ich wüßte nicht. Ich spiele nur mit Krumen. *Für sich.* »Er spürt den Harz aus«! Ward er ein Hühnerhund und schnuppert für dies Volk?

VARUS *steht auf.* Wie ich sehe, stör ich dich.

THUSNELDA. Du tust es nicht im mindesten. Daß ich eben an meinen abwesenden Gatten dachte, verzeihst du wohl.

VARUS. – Bist du römisch gesinnt? So echt, wie dein Gemahl?

THUSNELDA. Mich wundert die Frage. Wie sollt und müßt ich nicht? Ich bin nur Hermanns Hausfrau, er ist der eurige, und was er denkt und tut muß mir Gesetz sein. *Sie gerät in eine augenblickliche Aufwallung.* Doch hütet euch vor unsren Blondköpfen. Es versteckt sich viel dahinter.

VARUS. Wie fein du dich zur Zielscheibe deines Scherzes machst. So lang dein Haupt unter den Blondköpfen glänzt, bin ich sicher. – Lebe wohl. *Ab.*

THUSNELDA. Ich heuchelte Freundlichkeit, und mache mir nun Vorwürfe. Still ihr Nachkläffer im Busen! – Wodan, strafe mich, erlöse nur das Land um dessetwillen ich log – Meine Berge mit den prächtigen

Waldkämmen wollen sie niedertreten, unsre braven Burschen sollen in ihren Schlachtlinien dienen und verbluten – Ich leids nicht, und gibt Hermann die Schmach zu, werd ich der Kämpfer: Ich!

3

Das Bruch bei Detmold
Der Prätor auf erhöhtem Sitzt. Etwas tiefer neben ihm ein Schreiber.
Vor ihnen prozessierende Cherusker.

PRÄTOR. Ein Kohlenbecken unter meine Füße. Das schneit und gefriert hier noch im März. Wir müssen nächstens ein Forum bauen mit Dach und Ofen.
SCHREIBER. Mich wundert nur, daß deine Milde das nicht längst geschehen ließ. Holz, Sandsteine, und sonstige Materialien finden sich dahier in Menge, Bauern, Pferde und Spanndienste in Überfluß.
PRÄTOR. Eröffne die Sitzung.
SCHREIBER *lies in seinem Album und ruft dann.* Erneste Klopp contra Kater major.
PRÄTOR *sieht auch ins Album.* Katermeier heißt der Mann.
SCHREIBER. Tut nichts, Herr. Es kommt bei dem Volk wenig auf den Namen an. Es ist doch Vieh. Scheren wir es soviel wie möglich über einen Kamm.
PRÄTOR. Was tat dir Katermeier?
DIE KLOPP. Gott, ach Gott!
PRÄTOR. Heraus mit der Sache und laß die Götter weg.
DIE KLOPP. Er machte mir das vierte Kind und gab mir keinen Heller.
PRÄTOR. Du arme Hure.
SCHREIBER. Vorsichtig. Eine Hure scheint sie noch nicht. Die großen Lehrer Capito und Labeo streiten sich zwar über manche Rechtskontroverse –
PRÄTOR. Ja, auch über des Kaisers Bart.
SCHREIBER, – jedoch sind sie darin eins, daß viel, multum, fünfundzwanzigtausend bedeute, indem Cäsar in seinen Kommentarien die Stärke seines Heeres in Gallien so bezeichnet, und dieses Heer nur aus jener Anzahl bestand. Die Klägerin sieht aber nicht aus, als ob sie schon durch fünfundzwanzigtausendmaliges Unterliegen zu der Vielheit gediehen sei, welche der Begriff von einer Hure erfodert. Sie ist bloß eine Geschwächte, vulgo stu –
PRÄTOR. Halt' die Hand vor deinen übergelehrten Mund. »*Kurzab und ohne Erläuterung des Wie und Warum*« heißt der Kappzaum für Germanen, denn je mehr du bei ihnen erläuterst und belehrst, je störriger werden sie. *Zur Klopp.* Du überlieferst deine vier Kinder dem Staat. Der Verklagte erhält 5000 Sestertien für sein wohlerworbenes Vierkinderrecht –

SCHREIBER. Ius quatuor liberorum, versteht ihr?

KATERMEIER. Eher als den Rechtsspruch hätt ich den Einsturz des Himmels vermutet. – Wo empfang ich das Geld?

SCHREIBER. Bei dem Quästor, nach Vorweisung dieses Zettels.

KATERMEIER. Gut. *Beiseit.* Hunde, sinds doch. Sie wedelten sonst nicht so mit einem Schwanz von trügerischem Edelmut.

SCHREIBER. Warte. Die Sporteln wird man von der Summe abziehn. Sie sind in dem Schein bemerkt.

KATERMEIER *für sich.* – Dacht ichs nicht? – Ich gehe nach Haus und nicht zu dem rechenmeisterischen Quästor. Der spezifikatzt (wie sie sagen) mir so viel Gebühren, daß ich auf die fünftausend Sestertien noch sechstausend zugeben muß. – Stinchen, siehst du? Du hättest es entweder nicht von mir leiden oder mich doch nicht verklagen sollen!

DIE KLOPP. Du hättest es mir nicht antun sollen! Ich lege dir unsre Kinder vor deine Schwelle.

KATERMEIER. Das tu. Ich will den kleinen Plagen schon vorsichtig aus dem Wege gehn. *Ab.*

DIE KLOPP. Und ihr Spitzbuben, Landsverläufer, Katzenverkäufer, Links- und Rechtsverdreher, wer bezahlt meine Unschuld? Er hat sie, fort ist er, und ich muß hungern!

SCHREIBER. Gerichtsdiener stopft der Person den Rachen.

DIE KLOPP. Rachen? Mund hast du zu sagen. Doch Rachen! O hätt ich den, und dich Federfuchser unter meinen Zähnen, du solltest bald merken, wie du zu mausern anfingst!

PRÄTOR. Höre nicht auf ohnmächtige Wut. Verzeih ihr. *Zu Gerichtsdienern.* Führt sie fort und peitscht sie an der Gerichtsmark für ihr freches Maul zum Abschied.

VOLK. Sie durchpeitschen? Sie ist eine Freie!

Die Gerichtsdiener haben ihr die Arme auf dem Rücken zusammengebunden und halten ihr den Mund zu.

SCHREIBER. Mit Erlaubnis, ihr Herren, sie ward jetzt eine Gebundene. *Die Klopp wird abgeführt.*
– Dietrich, Kläger, einerseits, contra Rammshagel, andrerseits. Kläger, trag deine Beschwerde vor.

DIETRICH. Ich lieh ihm zehn Goldstücke eures Gepräge –

SCHREIBER. Ein mutuum?

DIETRICH. Dumm wars.

SCHREIBER. Lernt Latein und erwägt, daß wir nur aus Nachsicht euer Idiom gebrauchen.

PRÄTOR *zum Schreiber.* Den leichtzüngigen Galliern brachten wir innerhalb zehn Jahren unsre Sprache bei, diese hartmäuligen Germanen zwingen uns die ihrige auf.

SCHREIBER. Mit den Wölfen heulen, solange man sie noch nicht ganz im Jagdnetz hat. *Wieder zu Dietrich.* Warum, wozu, auf welche Art und Weise liehest du ihm das Geld?

DIETRICH. Zu Stapelage, im Wirtshaus. Ich schoß es ihm vor zum Knöcheln.

PRÄTOR. Abgemacht. Beklagter ist frei. Spielschuld gilt nicht.

DIETRICH. Hölle und Himmel, die ist ja eine Ehrenschuld!

SCHREIBER *zum Prätor.* Was mögen die Buben unter Ehre verstehen?

RAMMSHAGEL. Dietrich, ich zahle dir nach einem halben Jahr. Ich kann nicht eher. Mein ältester Junge starb vorige Woche, und die Ärzte oder Quacksalber kosteten mir Geld über Geld, haben ihn auch auf ewig geheilt, in die kühle Erde. Gut. Ihn schmerzt nichts mehr. Er hats besser als sein überlebender Vater. – Hättest mich nicht bei denen verklagen sollen.

DIETRICH. Da sie weit herkommen –

RAMMSHAGEL. Meintest du es wäre viel daran? Pah, sie suchten nicht vierhundert Meilen von Haus, hätten sie etwas daheim. – Schenk mir ein paar Monde Frist; meine letzte Milchkuh erhältst du morgen auf Abschlag. Ich und die Meinen können uns gut mit Wasser behelfen.

DIETRICH. Alte Haut, behalte deine Kuh für dein Weib und deine Kinder. Ich schicke euch morgen eine zweite.

SCHREIBER. Der Ehebruch! Beteiligte, vor.

VOLK. Schrecklich! Wo die Geschworenen?

SCHREIBER. Eorum haud necessitas. Hic acta!

VOLK. Was pfeift der Gelbschnabel wieder? Wärs Gutes, wir verständen es.

Dumpfe Stimmen.

Fürst, Hermann, warum bist du fern von uns und lässest uns verloren und allein? Kehre zurück: wir haben Fürsten nötig!

SCHREIBER. Silentium! – Amelung, sprich.

AMELUNG. Jenes Weib ist seit zehn Jahren meine Frau. Vorgestern erfahr ich zufällig, doch um so mehr zu meinem Entsetzen, daß es schon vor sechs Jahren die Ehe brach.

PRÄTOR. Ist das alles? – Ehebruch und dergleichen dummes Zeug verjährt in fünf Jahren. Hättest du den Mund gehalten, man wüßte nichts von deinen Hörnern.

SCHREIBER. Ja, Amelung: si tacuisses philosophus mansisses!

VOLK. Ehebruch verjährt? Was wird alt?

PRÄTOR. Eure Kehlen schwerlich, wenn sie so unverschämt schreien. Seht neben mir die Arznei für Halsübel: Liktorenbeile.

SCHREIBER. Ah – der Hermann!

Hermann kommt.

DAS VOLK *stürzt ihm zu Füßen.* Herrscher und Gebieter!
HERMANN. Wir Deutschen sind gelehrig. Schon Kniebeugen euch
angewöhnt? Steht auf oder es setzt Fußtritte. Ich bin ein Fürst, und
mag kein Häuptling kriechender Sklaven sein. *Zum Prätor.* Verzeihe,
Lucius Curio. Dergleichen euch so plump und bis ins Übertriebene
nachgeahmte Gebräuche duld ich nicht, so lang man sie ohne eure
Zierlichkeit und euren angeborenen Anstand ausübt. Ihr beschenkt
uns mit der Freiheit, – ach, hättet ihr uns zugleich eure Bildung im
selben Maße mitteilen können.
PRÄTOR *beiseit.* Er ist doch ein Schwachkopf.
HERMANN. Wo ist der Prokonsul?
PRÄTOR. Er lagert, wie gewöhnlich, an deinen Hünenringen. – Was
bringst du uns Neues von deiner Kundschaftsreise an die Weser und
den herzynischen Wald?
HERMANN. Verdächtige Kriegsrüstungen überall. Wir müssen mit
gewaffneter Faust anfragen, was sie bedeuten.
VOLK. Wie freundlich tut er mit dem Ausländer, und uns, die wir
nach seinen Blicken dürsten, beachtet er kaum.
EIN ALTER CHERUSKER. Haltet das Maul. Er hat was vor, oder ich
kenne keine von weißen Zähnen mit Gewalt im Gebiß gehaltene Un-
terlippe.
PRÄTOR. Das heutige Gericht ist aus.
VOLK. Fürst, wann richtest du?
PRÄTOR. Der Pöbel fragt und tut äußerst frech.
HERMANN. Wie du siehst: gegen mich. Er will noch immer nicht
recht sich romanisieren lassen und betrachtet mich als einen Überläufer.
Ihr habt kräftigere Maßregeln als bisher gegen ihn zu ergreifen, oder
ihr setzt euch selbst und seine euch getreuen Herrscher den größten
Gefahren aus.
PRÄTOR. Noch strengere Maßregeln? Das hält schwer. Doch wir
werden auch dergleichen wohl noch auffinden, Freund.
HERMANN *für sich.* Schön, tretet nur den Wurm, je ärger je besser,
unter dem Schmerz wächst er zur Riesenschlange und umringelt und
zerquetscht euch aus jeder Schlucht, von jeder Höhe, jedem Baum
unserer Gebirge.
PRÄTOR. Übrigens fürchte gar nichts. Dich umschart ja Varus mit
den drei trefflichsten Legionen Roms, und hundertfunfzigtausend aus
euren Gauen nebenbei.
HERMANN *für sich.* Wir Deutschen »nebenbei!« Na – –! Paß auf!
Laut. Seid vorsichtig. Der Germane ist voller Hinterhalt wie seine
Wälder.

PRÄTOR. Das weiß ich. Das versteckte Wesen der Waldungen, ihr magisches Blätterrauschen gewöhnen ihn daran. Er hat indes noch nicht soviel Vorsicht und Erfahrung als das Wildbret in ihnen –
HERMANN. Bist du auch schon so was von Jäger?
PRÄTOR *überhört die Frage.* Pah, der Germane ist noch Barbar, niedriger fast als seine Tiere.
HERMANN. Ich auch?
PRÄTOR *erst bestürzt, dann sammelt er sich.* Du wardst lange in Rom unter den Prätorianern gebildet und exerziert. Du wurdest eine Ausnahme, und Ausnahmen schätzt man so mehr, je seltner sie sind.
HERMANN. Eine Ausnahme also. – Komm mit, Freund.
PRÄTOR. Ich habe noch einige Geschäfte. Leb wohl bis nächstens. – Scriba!
DER SCHREIBER. Herr?
PRÄTOR. Revidiere diese Protokolle. Mach aus Groschen Taler. Verstehst du? Dein Anteil soll dir nicht fehlen. Wir kennen uns.
SCHREIBER. Scio.

4

Haus im oberen Hünenring. Zimmer.
Thusnelda und Thumelico.

THUMELICO. Mutter!
THUSNELDA. Was begehrst du, mein Junge?
THUMELICO. Ein kleines Butterbrot, nicht größer als meine Hand.
THUSNELDA. Ein großes, ein ganz großes sollst du haben! Iß, trink und freue dich des Augenblicks ehe die schweren Jahre kommen. Hols dir in der Küche.

Thumelico eilt fort. Hermann tritt ein. Thusnelda zittert, und wird glutrot.

HERMANN. Mein Land bleibt auch im Winter das Land der Rose, wie die Barden es benennen. Deine Wangen bezeugen es. – Du wendest dich ab und hältst die Hand vor die Augen?
THUSNELDA. Deine neue römische Ritterrüstung blendet.
HERMANN. Auch diesen Siegelring sandte mir der Kaiser.
THUSNELDA. Wehe, Weh! Der erste im heißen Süden geschmiedete Ring, der dich, mich, den ganzen Norden an Italien kettet.
HERMANN. Tränen? Pfui.
THUSNELDA. Freilich, ein Vaterlandsverräter ist der Träne nicht wert. Wer aber kann sie zurückhalten?
HERMANN. Weine aus. Ich setze mich so lang bis du fertig bist.

THUSNELDA. Du! Erniedrigt durch diese goldnen Schuppen zu einem Goldkäfer! Bist du ein echter Held in Eisen oder ein augustischer Schmetterling in bunten Flügeldecken?

HERMANN. Fürstin und Frau, kennst du Fürsten und Männer?

THUSNELDA. Einst wähnt ich allerlei davon. Es waren Träume.

HERMANN. Weiberlist ist unergründlich, sagt man. Glaubst du, die Männer hätten vom Mutter- oder Vaterwitz nicht auch etwas? – Was ist besser, Knecht oder freier Herr?

THUSNELDA. Was willst du sagen?

HERMANN. Gesetzt, ich hätte die Römer und dich getäuscht, Stahl gewetzt, während du Zwirn gefädelt hast. Sie hätten sich umsonst gefreut, du hättest dich umsonst geängstet?

THUSNELDA. Herr, Erretter, Hermann! Jetzt begreif ich alles, ich umarme dich! Die Freude ists, die meine Arme beflügelt, und nun stürz ich vor Reue dir zu Füßen! Ich Unglückliche, trag mir meine Vorwürfe nicht nach! 's ist Landessitte, eine Beleidigung nicht zu vergessen.

HERMANN. Daß du mir aus Liebe zum Vaterlande bös wardst, deshalb sei ruhig. Und höre: erst führ ich die Welschen zum Harz, sich eine Portion Köpfe daran zu zerbrechen, mir auch Gelegenheit zu geben, daß ich mit den Harzern ein Bündnis schließe, und des weiteren. Ich kann, da der Abzug dahin gleich vor sich geht, jetzt nicht mehr sagen.

THUSNELDA. Weil du nicht willst.

HERMANN. Welcher Zweifel – ich sage dir ja das Beste und Gefährlichste! – Während der Zeit, daß sie von hier fern sind, läßt du ihre Heerstraßen verderben, nur ja nicht die den Cheruskern rechts und links bekannten Wald- und Seitenwege, und bei Zertrümmerung der Heerstraßen läßt du Verhacke machen, und sagst, das wären Einrichtungen zum künftigen neu erfundenen, vom Prokonsul befohlenen Straßenbau. Alle Mannschaft die im Lande streitfähig ist, sammelst du, indem du sie zu diesem Geschäft beorderst. Dein Vater, der (erlaub mir es so mild als möglich auszudrücken) dem Feinde ergebene Segest, wird sicher zu dir kommen, und anfragen, du wirst klug sein und seinen Argwohn ihm zu benehmen wissen. Wie? überlaß ich dir.

THUSNELDA. Du übergibst mir schwere Aufträge.

HERMANN. Vollführe sie, es wird weder uns, noch unsren spätsten Enkeln schaden. Nicht von Feinden gefesselt, frei und groß werden wir, sie und Deutschland. Die Verantwortung für *diese* Sünde übernehm ich mit Freude, sollt ich auch ewig in der Hölle dafür büßen.

THUSNELDA. Held, ich werde nach Kräften deine Gebote erfüllen.

HERMANN. Neldchen, lebe wohl. *Ab.*

5

VARUS *geht durch die Reihen.* Dein Schwert.
LEGIONAR. Hier.
VARUS. Die Klinge hat Rost.
LEGIONAR. Eingefressenes Blut. Weiß nicht mehr, aus welchem Gefecht. Es ist nicht abzuwaschen.
VARUS. Zeig mir die Brust. Sie atmet schwer. – Viele Wunden. Doch das Hemd ist grob und schlecht.
LEGIONAR. Es ward mir so geliefert.
VARUS. Es wurden mir schönere Proben gezeigt. *Zu zwei Liktoren.* Verhaftet die betreffenden Lieferanten – Jene drei, die da von fern ängstlich meiner Musterung zusehen, sind es, – und beschlagt ihr Vermögen. *Er geht weiter.* Deine offne Narbe an der linken Schläfe? weshalb brauchst du keinen Wundarzt, Alter?
ZWEITER LEGIONAR. Bleibe sie lieber frisch und offen, als daß die Ärzte sie flicken und verfumfeien. Ich empfing sie jenes Morgens, als der göttliche Julius am Rubikon zauderte und sann, und wir lange unter den Pfeilen der gegenüberstehenden Pompejaner auf seinen Entschluß warten mußten.
VARUS *greift einen Augenblick grüßend an seinen Helm.* Alle Ehre deiner Narbe. Sie ist eins der Kommata der Weltgeschichte. *Zu einem dritten Legion.* Was beugst du dein Haupt?
DRITTER LEGIONAR. Aktium.
VARUS *für sich.* Es wäre ein endloses Geschäft weiter zu fragen. Fast all diese beeisten Häupter tragen in Narben die Schriftzüge ihrer Siege. Und diese Heroen mit Knochen aus Erz und Haaren von Silber muß ich gegen das nordische Gepack und sein abscheuliches Klima verwenden? – Achtzehnte, Neunzehnte, Zwanzigste, ihr drei ersten Kriegsdiamanten des Reichs, wetteifert nur untereinander, und Germanien ist unser.
EIN QUÄSTOR *kommt.* Die Bundestruppen sind gemustert und gezählt. Siebenzigtausend Mann.
VARUS. Das Fußvolk?
QUÄSTOR. Buntes Gemengsel. Der eine trägt Hirschgeweih oder Auerhahnsfedern und dergleichen auf dem Kopf, der andere hat in einen Knoten zusammengeschürztes Kopfhaar, dem dritten weht es lose wie Mähnen um die Schläfen, der vierte hat einen verrosteten Kessel so aufgestülpt, daß man sein geistreiches Gesicht kaum sieht, und die übrige Uniform besteht aus Röcken von Luchs-, Bär-, Elentiers-Fellen und ich weiß kaum, was sonst noch, alles immer quer und toll durcheinander.

VARUS. Die Reiterei?

QUÄSTOR. Der kann man ihren Aufputz und ihre Wildheit verzeihen. Unsere Turmen sind Flederwische gegen diese bergauf und bergunter fliegenden Scharen. Jeden Augenblick glaubt man, das Volk bräche den Hals, und es kümmert sich im rasendsten Galopp höchstens um die Kinnketten seiner Gäule.

VARUS. Diese Reiterei hat sogleich der unsrigen sich anzuschließen.

Der Quästor ab. Hermann kommt.

Du zögertest lang.

HERMANN. Ich grüßte erst mit ein paar Worten zu Hause. Dann macht ich noch diese Wegkarte nach dem Harz, schickte weit umher nach Hülfe, selbst bis zu den auf ihren im Meer bebenden Ländern wohnenden Chauken. Meine Nachbarn: die Marsen und Brukterer sind natürlich nicht die letzten, die ich einlud. Von dem Rhein kommen uns auch die Ubier und die tapferen tenktrischen Reiter zu Hülfe. Kurz, bald ist mehr als halb Deutschland da, um euch seinen übermütigen Rest überwinden zu helfen.

VARUS. Dein Eifer für die gute Sache verdient alles Lob. Wie sehr beförderst du dadurch in diesen Landen die Humanität und Zivilisation.

HERMANN *für sich.* Humanität? Ein Lateiner und Eroberer hat doch prächtige Ausdrücke für Tyrannei. Zivilisation? Das lautet schon richtiger, denn ich will euch zivilisieren und bei uns einbürgern, fest, sicher, drei Fuß tief in die Erde und Hügel von acht Fuß darüber. Oder noch besser, euer Fleisch den Raben, eure Knochen dem Regen, daß sie gebleicht werden wie das beste Garn!

RÖMISCHE SOLDATEN. Donnerts?

HERMANN. Nein. Mein Stallknecht brummt, weil er einen Verweis bekommen hat, daß er den Sattelriem nachlässig zuknöpfte.

VARUS. Schone er künftig seiner ungeheuren Lunge. Brummfliegen tötet man leicht unversehens. – – Vorwärts, marsch!

HERMANN *blickt auf die an der Spitze der Heeres marschierenden Römer.* Die gleißenden Schurken! Wie sie unsren edlen Boden mit fremdem Waffenprunk beflecken! *Er sieht sich um.* Deutschland, verlaß mich nicht mit deinen Fluren, Bergen, Tälern, und Männern! Ich kämpfe ja nur deinethalb: die Feinde sollen deine Waldungen nicht zum Schiffsbau zerschlagen, dir deine Herrlichkeit, deinen Söhnen ihr Blut und ihre Freiheit nicht nehmen! – Du mit ewigem Grün prangender Rhein, du donnernde Donau, du, meine Weser, und du leuchtende Elbe, die ihr alle in so vielen Schlachten uns zur Seite wart, helfende, blitzende unendliche Schwerter, – ihr solltet speichelleckend fluten unter dem Brückengekett des Römers? Nein, wir sind dankbar, und werden euch erlösen.

VARUS. Was ist dir, mein Lieber?

HERMANN. Mein Bester, mich drücken meine Halbstiefeln. Sie sind eben aus Rom bezogen, indes wird mein Fuß sie bald ausweiten.

VARUS. Gabst du deinen Hülfsvölkern gute Anführer?

HERMANN. Es hält schwer einen guten Hauptmann zu finden, doch gab ich ihnen die besten Befehlshaber, welche ich auftreiben konnte.

VARUS. Ist deine Gegenwart bei den Bundsgenossen nötig?

HERMANN. Dann und wann, wenn ich was von Unordnung unter ihnen erfahre, oder sie inspiziere. Im übrigen werden sie stets den Fußstapfen der Legionen folgen, wie Hühnerhunde der Fährte.

VARUS. Du hast den Horatius Flaccus schlecht studiert, sonst würdest du solch gemeines Gleichnis nicht gebrauchen. – – Zur Sache: ich schicke zu den Hülfstruppen noch einige Kriegstribunen, um ihre Bewegungen dem römischen Kriegsbrauch genau anzupassen.

HERMANN *für sich*. Befehlshaber und Spione zu gleich, heißt das.

VARUS. Und du, Wegkundiger, der du deinen braven Völkern nicht nötig bist, bleibst in der Regel bei mir, sowohl um uns deine Karte an Ort und Stelle zu erläutern, als mir überhaupt Aufschluß über die Landstriche, welche wir betreten, und deren Bewohner zu geben.

HERMANN *für sich*. Überschlauer Fuchs, du! Da macht er mich zur Geißel! – Na! ich will euch peitschen!

VARUS. Also: führ uns wider die Aufrührer.

HERMANN *indem er, Varus und das Gefolge die Pferde besteigen, für sich*. Schnell gehts in Rom. Die Harzleute sind schon Aufrührer, ehe sie Untertanen waren. *Laut.* Du befiehlst. Ich gehorche. Ich leit euch hin und zurück zu großen Siegs- und Todesschlachten!

VARUS. Mir lieb!

HERMANN. Mir auch!

6

Oberer Hünenring. Eine Stube.
Thusnelda und Thumelico.

THUSNELDA. Einen Kuß, Junge! Noch einen, und noch tausende – ich werde nicht satt.

THUMELICO. Deine Küsse tun weh.

THUSNELDA. Kind, ich bin zu froh. Nicht wahr, nun wirst du zehntausend Jahr alt, wie deines Vaters Lorbeerkranz, welcher ewig jugendlich und frisch die befreiten Völker umgrünen, beschatten und bei Freiheitskämpfen umsäuseln wird?

THUMELICO. Ja, Mutter, wenns geht, werd ich gern so alt.

EIN KNECHT *tritt ein*. Herzog Segest.

THUSNELDA. Meinen Sohn in sein Zimmer. Mein Vater braucht nicht anzufragen, um einzutreten.

SEGEST *kommt*. Guten Morgen.

THUSNELDA. Setze dich.

SEGEST. Die Hand an der Stirn?

THUSNELDA. Du warst lange nicht hier.

SEGEST. Darüber denkst du schmerzlich nach?

THUSNELDA. – – Wie triffts, daß du heut kommst, just da er fern ist.

SEGEST. Ich kenne keinen Er. Wen meinst du?

THUSNELDA. Meinen Gemahl.

SEGEST. Es trifft sich wie damals als ich fern von jener Falkenburg war, er dich daraus entführte, und den Namen meiner Veste als echter Raubvogel betätigte, der dem Greis das Köstlichste, die Tochter und ihr Herz entriß.

THUSNELDA. Vater, ich bitte! Vergangenheit ist böse Asche. Stäube die Funken nicht auf, welche Jahre lang unter ihr fortglimmen können. – Er liebte mich, ich ihn. Du gabst deine Einwilligung, und brachst dein Wort als du merktest, er wolle nur dein Schwiegersohn, nicht dein Knecht sein.

SEGEST. Er beleidigte mich.

THUSNELDA. Nie. Oder kann er dazu, wenn er unter dem Volk größer ward als du? Dacht er daran? Tats nicht sein angeborenes hehres Wesen?

SEGEST. Lassen wir das Hehre gut sein. Meistens besteht es aus nichts als glänzenden Kniffen. – Wo ist er jetzt?

THUSNELDA. Wo er nicht sein sollte: bei den Bestürmern des Harzes! *Sie sinkt in einen Sessel.*

SEGEST *besorgt.* Liebe Tochter – – –

THUSNELDA *sich erholend.* Du hast noch ein »lieb« für mich? Der Ton hat Kraft und mein Fieberanfall verfliegt. Ich habe in den letzten Tagen zu viel Wirrsale erlebt, die Ernährung der Legionen, die Sorge –

SEGEST. Schon gut. Hüte dich vor dem Zugwind. Es ist März und gewiß hast du dich unvorsichtig erkältet. *Für sich.* – Das Gerücht von Hermanns Abfall ist falsch. Wie könnte er sonst unter meinen römischen Freunden marschieren?

THUSNELDA. Hier bringt dir die Magd den Imbiß.

SEGEST. Du hattest ihn mir gleich, als ich kam, zu bieten, nicht hinterdrein, da ich gehe.

THUSNELDA. Die Bestürzung – ich hatte dich geraume Zeit nicht gesehen – ich bekenne meinen Fehler.

SEGEST. Dadurch verbesserst du ihn nicht, machst ihn nur offenbarer. Lebe wohl. *Er geht.*

THUSNELDA *am Fenster.* Diesmal hat er mit seinem Vorwurf Recht! Ich handle so nachlässig gegen meine Gäste nicht wieder! – Wie er hinunterschreitet, die schweren Verschläge der Gehöfte fliegen vor seiner Hand auf wie eine Kette wilder Hühner vor der Armbrust des

Jägers. Er ist mein Vater! Beide Augen gäb ich, hielt' er mit uns und nicht mit der urbs, wie sie das von Soldaten, Raub, Mord, List und Hohn sprühende Scheusal nennen!

7

Am südwestlichen Fuß des Harzes.
Das Innere von Hermanns Zelt. Hermann und ein Chatte.

HERMANN. Was für Narrenpossen zeigst du mir?
DER CHATTE. Kerbstöcke, welche dir, wenn du die deinigen dagegen hältst, beweisen werden, daß sie ineinander passen, und ich der bin, welcher ich war.
HERMANN *sieht ihn scharf an.* Ich erinnre mich deiner, und kenne dich ehrliche Haut. Du warst in meiner Nähe, als wir am Niederrhein gegen die Gallier fechten mußten. – Dein sicherster Kerbstock ist dein ehrliches Gesicht. – Was hast du zu melden?
DER CHATTE. Laß mich zu Atem kommen. Drei Tage und drei Nächte lief ich zu dir und vergaß Essen, Trinken und Schlaf.
HERMANN. Deine Hand.
DER CHATTE. Die Gnade! Himmel, wer ist glücklicher als ich?
HERMANN. Vielleicht ein Fürst, dem solche Bauern dienen.
DER CHATTE. – Ja, was ich zu berichten habe: deine heimlichen Auffoderungen fanden in jedem Ohr einen fruchtbaren Boden und donnerndes Trommelfell, von der Werra, Fulda stürmen alle Waffenfähigen heran. Wir halten kaum die Kinder zurück. He, das tun die unmäßigen Steuern, der Hochmut und die Gewalttätigkeiten der Eindringlinge! Sie wollten erobern, uns das Blut auspressen, hättens auch tun können, wären sie sachter zu Werk gegangen, doch nun kriegen sie mit deiner Hülfe alle tausend Schwerenot –
HERMANN. Sei du auch sachter. – Wie stark seid ihr?
DER CHATTE. Sechstausend Mann zu Pferd, zwölftausend zu Fuß.
HERMANN. Wo steht ihr?
DER CHATTE. Zwischen den Quellen der Lippe und Ems.
HERMANN. Eile dahin zurück, rate Geduld –
DER CHATTE. Mit der hälts schwer.
HERMANN. Sie soll nur ein paar Tage dauern. Wer siegen will, muß auch zu lauern und zu warten wissen. Dann aber, wann das teutoburger Waldgebirg vor Kriegs- und Waffenlärm aufbrüllt, wie ein ungeheurer aus Gebirgen gegliedmaßter Auerstier, mit den rauschenden Mähnen seiner Forsten; – merkt ihr dann, daß die Legionen stiller werden, so brecht auf aus eurem Standlager und sperrt den Überbleibseln die Flucht.
DER CHATTE. Nimms nicht übel: abgenagte Knochen mögen wir so wenig als deine Cherusker. Wir sind früher und bevor die Forsten vom

Geschrei der Römer still werden, zu deiner Hülfe da, der Chatte will auch ein Blatt von eurem Siegeskranz, mit dem du bloß dich und deine Cherusker zu schmücken gedenkst. *Ab.*

HERMANN. Die Eifersucht laß ich mir gefallen.

VARUS *hinter der Szene.* Halt. Gefolg, warte. *Er tritt ein.* Bin ich nicht raschen Entschlusses?

HERMANN. Ich verstehe dich nicht.

VARUS. Bei diesem gegen alle Berechnung zu früh eingebrochenem Tauwetter erstürmen wir den jetzt so schlüpfrigen Harz nicht. Leg deinen Harnisch an. Wir brechen auf und ziehn wieder nach Cheruska, zu deiner Grotenburg.

HERMANN. Immerhin wär ein letzter Versuch gegen den Harz ratsam, schon wegen des Berichts nach Rom.

VARUS. O zu dem Bericht hab ich meine gewandten Schreiber, sie machen auf ihrem Papier Gold aus Blei, aus einer verunglückten Unternehmung den herrlichsten Sieg. – Unnützes Römerblut soll jene Klippen nicht schmücken.

HERMANN *für sich.* Hegs auf! Es wird eine ewige goldne Krone meines Landes!

VARUS *während Hermann sich die Rüstung anlegt.* Ich verschiebe den Angriff bis zum Sommer. Da werden meine Legionen dich lehren, wie Südländer die Hitze aushalten, ohne flau zu werden.

HERMANN. Wir Nordländer sind mehr an Sturm, Regen und Schnee gewöhnt.

VARUS. Bist du fertig mit deinem Anzug?

HERMANN. Nur diese Spange noch –

VARUS. Weshalb läßt du dich nicht von deinen Dienern ankleiden?

HERMANN. Ich habe nicht gern fremde Fäuste am Leib. – Knecht! *Ein Knecht tritt ein.* Wir reisen nach Haus. – Sattle –

DER KNECHT. Ist schon geschehen. Ich hörte von der Abreise. Die Gäule stehn bereit.

HERMANN. So führe sie vor die Zelttür.

VARUS. Das geht bei euch geschwind.

HERMANN. Meine Kerle haben Heimweh.

VARUS. An der Schwäche leidet ihr noch?

HERMANN. Wir haben noch nicht die Welt erobert, um überall heimisch zu sein, wie ihr.

VARUS. Wir marschieren mit ein paar Gewaltmärschen zurück über die Weser, zu deinen Hünenringen. Du bleibst beratend in meiner Nähe – doch deine Cherusker und überhaupt sämtliche germanische Bundsgenossen haben sich außerhalb der Heerstraße, zur Seite meiner Krieger zu halten. Sie mögen auf den Höhen rechter Hand mitmarschieren.

HERMANN. Dann inspizier ich sie bisweilen, ab und zu.

VARUS. Das verbiet ich dir.

HERMANN. Nur ihr Herrscher, der ihre Sprache und Sitten kennt, kann jene Horden zügeln. Laß mich dann und wann sie ordnen, oder ich melde dein mißtrauisches, unverzeihliches Betragen gegen mich, welches unsrem gemeinsamen Unternehmen bis jetzt schon viel geschadet hat, dem Kaiser.

VARUS *lächelnd.* Das wäre!

HERMANN. Genügt dir das nicht, so meld ichs nicht allein dem dahinkränkelnden Schatten des Octavianus Augustus, sondern auch seinem adoptierten Sohn und Nachfolger – Wie heißt er doch? Ein Paket Briefe, welches meine Freunde an ihn absenden werden, liegt schon seit längerer Zeit bereit.

VARUS *Schrecken und Schauder unterdrückend.* Schäme dich. Wie so leicht vergißt du die erhabensten Namen! Unter ihnen den Namen eines Mannes, welcher die siegsgewaltige Hand auf Rätiens Gebirge legte –

HERMANN *beiseit.* – dergestalt daß alle Täler Blutkessel wurden, und die Witwen und Waisen die um seine Finger gekrümmten prächtig von Tränen schimmernden Triumphringe –

VARUS. Tiberius heißt der Held und Erbe! Reite meinetwegen dann und wann zu deinem Pöbel, komm indes stets bald zurück, und unterlaß deine unnützen Schreibereien, die man im Kapitol doch nur als Lappalien behandeln, oder gar, mit meinen offiziellen Gegenberichten verglichen, an dem Autor bestrafen würde. – Sitzen wir auf.

HERMANN. Wie du befiehlst.

Erster Tag

Morgen. die Legionen in Marsch. Varus und Hermann zu Pferde vor ihnen. Die deutschen Hülfstruppen rechts auf den Bergen.

VARUS. Da blitzt?

HERMANN. Die Weser.

VARUS. Jüngst trug ihr Rücken noch die mächtigsten Eisblöcke. Jetzt ist alles aufgelöst.

HERMANN. Es löst sich bei uns manches ehe man daran denkt. Das Wetter ist hier zu Lande launisch. *Er sieht den Varus starr und trüb an.*

VARUS. Du bist ersichtlich nicht wohl.

HERMANN. Ein unbedeutender Fieberschauer. Die Luft ist zu regnicht, und naßkalt.

VARUS. Der Feldarzt!

DER FELDARZT *tritt vor.* Ich bin allemal derjenige, welcher in deiner Nähe harrt, Herr, und freue mich unendlich, wenn ich jetzt Gelegenheit gefunden haben soll, an dir meine Kunst zu praktizieren und dir meinen guten Willen zu zeigen.

VARUS. Kuriere den Herrn da.

FELDARZT. Was fehlt ihm?

VARUS. Sklav, weiß ichs? Siehe zu.

FELDARZT. Ja so. – – Er leidet offenbar an Magenbeschwerden und ist zu vollblütig. Ein Klystier und ein Aderlaß werden ihn bald restaurieren – *Zu Hermann.* Erlaube mir, deinen Puls zu fühlen. – Sehr stark – 150 Schläge in der Minute. Meine Lanzette soll ihn besänftigen. *Er zieht sein Besteck heraus.*

HERMANN. Pfuscher, hüte dich vor der meinigen, dieser hier: *Er rüttelt seine Streitaxt.* Ich habe mich erholt.

VARUS. So schnell und stark, daß der Sklav davonläuft.

HERMANN. Weswegen nennst du ihn Sklav, und zwar mit einer gewissen Geringschätzung?

VARUS. Musikanten, Mimen, Astrologen, Astronomen, Mediziner, und andere Land- und Leutebetrieger, sind bei uns nur Sklaven.

HERMANN. Und einen dieser saubren Herrn berufst du, daß er mich heile?

VARUS. Ich dachte man tut des Guten nicht zuviel. Nützt der Kerl nicht, so schadet er doch auch nicht.

HERMANN. Freilich, ja. Ich danke dir. *Für sich.* Fast hätt ich geglaubt er wäre aus echter Freundschaft so besorgt um mich gewesen, und ich wäre fast empfindsam geworden. Doch ihm saß wohl nur im Kopf, daß er an mir einen guten Wegweiser verlieren möge. *Laut.* Die Truppen sind eingeschifft. Unzählige Boote tanzen auf den Wellen.

Treten wir in das unserige. *Während des Einsteigens, für sich.* Bin ich
Charon?

VARUS. Die Weser hat fast die Größe des Tiberstroms.

HERMANN. Ihr Busen hat noch kein Rom aufgesäugt, sonst mein'
ich unmaßgeblich, daß sie viermal so breit ist als euer Fluß.

VARUS. Holla, das Boot stürzt um!

HERMANN. Wir sind in der Mitte des Wassers, – da reißt es, – aber
nicht bang: es reißt nicht ab wie ein Zwirnfaden, die Schiffer müssen
nur mächtiger rudern.

VARUS. Außer der Zwirn-, Garn- und Leinewandfabrikation habt ihr
wohl wenig Manufakturen im Lande?

HERMANN *hört nicht auf den Spott.* Wir sind am Ufer. – Steigen wir
aus.

EIN VEXILLAR. Beim Pluto, gibts denn in dieser Gegend keinen
besseren Weg für uns als just diesen? Bald schwellende Bäche, bald
klebrigter Sand, regentriefende Wälder und morastige Wiesen? Die
Germanen oben auf den Bergen habens zehnmal so gut als wir.

ZWEITER VEXILLAR. Frag den Hermann. Er reitet dem Varus zur
Linken und flüstert immer in sein Ohr als war er sein Orakel! Guck,
da hat er ihm wieder was Angenehmes gesagt: der Prokonsul lächelt.

ERSTER VEXILLAR. Er sollte dem glatten Ohrwurm weniger trauen.

VARUS. Der Scherz, den du mir erzählst, ist allerliebst. Er bezeugt,
welche Naivität auch unter Naturmenschen, woraus doch meistenteils
dein Volk besteht, wohnen kann. Er in wäre was für Theokrit, für
unseren feineren, ausgebildeteren Virgil freilich nicht. – Wie? – Fürst,
links so weit mein Auge blickt, niederbrennende Dörfer und daraus
eilende Einwohner?

HERMANN. Die Memmen sind bang vor der Ankunft unsres Heers,
und haben aus Angst die Kohlen zu löschen vergessen.

VARUS. Alle Bergkuppen hinter uns, vor uns, um uns, werden lebendig!

HERMANN. Von den Flüchtlingen.

VARUS. Flüchtlinge? In Waffen?

HERMANN. Gönn ihnen die. Sie retteten das Beste was sie hatten,
ihren letzten Schutz und ihre letzte Wehr.

VARUS. Dein Hülfsvolk weicht zu ihnen!

HERMANN. Es will sie verjagen.

VARUS. Ohne meinen Befehl?

HERMANN. Der Deutsche tut des Guten gern zuviel, auch unangefragt.

VARUS. Der Germane ist noch viel zu dumm, als daß er nicht anfragen
müßte, eh er etwas beginnt. Hole die Leute sofort von den Bergen
zurück, und ich will ihnen diesmal ihren Subordinationsfehler verzeihen.

HERMANN. Quintilius Varus, das Verzeihen ist an uns, das heißt: an
meinen Landsleuten und an mir! *Er sprengt auf die zur rechten Hand*

liegende Dörenschlucht, welche von Deutschen wimmelt. Werden wir endlich eine Faust, und sind wir nicht mehr die listig vom Feinde auseinander-gestückelten Fingerchen? – Marsen, Cherusker, Brukterer, ihr Nationen alle, die ich um mich sehe – Heil uns, es gibt noch genug Brüder und Genossen in des Vaterlandes weiten Auen! – – Ihr breitschulterigen Enkel der Cimbern, Ambronen und Teutonen, vergaßet ihr so leicht und so lange die Gefilde von Aquä Sextiä und Verona? Soll das Blut eurer Großeltern ungerächt ewig dort die Äcker düngen? Rüttelte mein Ahn, der Teutobach vor Freude an seinen Ketten als ihn Marius durch die Straßen der Tiberstadt führte, wie ein wildes Tier, das man dem Pöbel zu seinem Zeitvertreib zeigt? Würd's mir und euch nicht bald eben so oder gar noch schlimmer ergehen? – Schämt euch vor meinem Pferde. Ihr zaudert und überlegt. Es schäumt bereits vor Zorn!

EIN ALTER CHERUSKER. Drück auch dem Vieh nicht so hart die Sporen in den Balg. Das Luder fühlt wie ein anderer Mensch.

HERMANN. Er ist da, der Tag der Rache und Roms Siegestraum ist aus! Ihr, meine Untertanen, leidet keine Willkür von mir, euerm angeborenen Herrscher und duckt euch nun unter fremde Tyrannen? Pfui!

VIELE CHERUSKER. Er wird wieder unser!

HERMANN. Wars immer! Welch ein Dummbart war ich, wollt ich was sein ohne mein Volk? Kein Joch, und war es sterngeschmückt oder wetterleuchtend, wie der Himmelsbogen, soll fortan uns niederzwängen oder einschüchtern. – Jene Ratten da unten sind in der Falle unsrer Täler und Gebirge. Und hinter ihnen die Männer des Harzes, welche sie selbst aufstöberten, hier auf der Höhe wir, Cherusker, Brukterer, Marsen, Tenkterer und viele andre edle Stämme – gegenüber blitzen von der Elbe die blutlechzenden Speere unserer Verbündeten, und dort im Mittag regen sich auf den Hügeln schon die vorschnellen chattischen Reiter, um den Rest der systematisierten, einexerzierten, betitulierten Raubhorden, wenn wir etwas davon entlassen sollten, mit Schwertern in vernichtenden Empfang zu nehmen. Nur der Gewaltige, welcher über Böhmen seinen Herrscherstab gelegt hat, bleibt trotz allem Freiheitsschrei taub, und nur aus Eifersucht auf mich. Marbod, kämst du nur, ich begnügte mich gern mit der zweiten Stelle. Doch kämpfen wir mit doppelter Kraft, so haben wir allein Ehre!

INGOMAR. Wärst du nicht mein Neffe, und schickte es sich für einen Oheim, sein Schwesterkind zu loben, ich sagte: Junge, du hast es klüger eingerichtet als ich getan hätte.

EIN ALTER. Aber, aber –

HERMANN. Was hast du auf der Zunge?

DER ALTE. Du hast den Kaiser jahrelang getäuscht und betrogen!

HERMANN. Betrog er uns nicht auch? Ich gebrauchte gleiche Waffen gegen gleiche. Macht ihr mit eurem Messer es anders, wenn euch ein Bär mit seinen Zähnen packt?

DER ALTE. Ein Kaiser und ein Bär ist ein Unterschied. Ich sage nichts. Nur dieses: besser und ehrlicher ist auch besser und ehrlicher als –
HERMANN. Halts Maul mit deinen kleinlichen Bedenklichkeiten. Geh in deine Rotte!

Der Alte entfernt sich. Hermann faßt an seinen Panzer.

Erz der Cäsaren, unter die Füße!

Er löst die Spangen.

Kerker, springe auf! *Er zertritt die Rüstung.*
Tyranneneis! Ich fror nur zu lang in dir! –

Sein Schwert wegwerfend.

Fort meuchelmörderischer Dolch, ich will ein deutsches Schwert, breit und hell, und dreimal so lang als dieser Skorpionsstachel! – O hätt ich meinen Hermelin und meine alten Waffen.
EIN GRAUER KNECHT. Hier ist alles, Mantel, Schild und Degen.
HERMANN. Was?! – Arnold, mein alter, treuer Bursch, wie kommt das?
ARNOLD. Das kommt so: als du abfielst und von uns gingest, dacht ich, er kehrt schon wieder, wird unter dem fremden Volk schon zur Besinnung gelangen, – er hat mir seine Kleidung und seine Waffen anvertraut, um sie zu putzen, und bei seiner Abreise zwar vergessen nach ihnen zu fragen, ich aber will jeden Morgen daran bürsten und glätten wie sonst, er könnte jeden Nachmittag zurück sein und sich hinein stecken wollen.
HERMANN. Daß du dich fleißig gequält hast, sieht man. Der Schild ist abgeschabt als war er zehntausendmal umgeschruppt, und der Hermelin hat fußlange Zasern. – – Graukopf, werde nicht böse über meinen Scherz. Du hast es gut gemeint. Fürerst nimm diese Rolle Gold, und meine Liebe.
ARNOLD. Wenn du erlaubst, so teil ich das alles mit meinen Gefährten.
HERMANN. Das sei. Nächstens mehr.

Sich den Mantel umlegend.

Ha, wie warm werd ich!

Schild und Speer ergreifend.

Rom, sieh zu, wie wir Germanen zu siegen oder zu fallen wissen!

DIE DEUTSCHEN *untereinander*. Auch in unsren Kleidern wieder? Nun ist er auch in unsren Seelen. Hoch Hermann!

Sie stoßen in ihre Stierhörner.

HERMANN. Bin ich in euren Seelen, braucht ihr das nicht auszublasen. Behaltets lieber bei euch, so bleib ich einheimischer. – Aber kommt der Feind, so wird Musik beim Kampf nicht schaden. Und er naht!

VARUS. Verräterei, die schwärzeste Verräterei! Links, rechts, hinten, vorn, überall empörte Germanen! – Legat, wie sind wir von dem Hermann betrogen!

EGGIUS. Du vielleicht, ich nicht, denn ich hatte nichts mit ihm zu schaffen, und tat nur, was du gebotest. Indes dein Irtum kann den Besten treffen. Ich zähle jetzt achtzig Jahre, werde auch noch immer, ungeachtet meiner Erfahrungen, Tag für Tag mehr überlistet und getäuscht.

VARUS. Über den Bach hier und dann bergauf! Sturm! Du voraus mit deiner Legion.

EGGIUS. Neunzehnte! 'nen Keil gebildet! Vorwärts!

HERMANN. Reiterei der Marsen, eil entgegen, wehr ihnen den Übergang über die Werre.

Die marsischen Reiter galoppieren hinunter, werden aber zurückgeworfen. Hermann zu den wieder ankommenden Marsen.

Schön! Ihr wißt, daß man euch wie alles Gute für die günstigste Gelegenheit sparen und nicht unnütz verquackeln muß. – Ihr solltet die Römer zurückweisen und statt dessen holt ihr sie her!

DER MARSENHÄUPLING. Ehre deinen Befehlen. Doch das Unmögliche vermochten wir gegen die Übermacht nicht zu leisten. – Hör und siehe, was wir können: Marsen, der Cheruskafürst hat uns beleidigt und verkannt, rächen wirs durch Heldentod! *Er stürzt mit den Marsen unter die Römer und fällt mit seinen Leuten nach einem heftigen Gefecht.*

HERMANN *hat ihnen nachgesehen, und faßt an seine Augen.* Das regnet, – man wird ganz naß – *Laut.* Cheruskas Reiterei!

Diese Reiterei sprengt heran.

Was sollen jene elenden welschen Turmen und Krippenreiter um das feindliche Heer stolzieren?

EIN CHERUSKISCHER REITER. Sie sitzen zu Pferd als wären Katzen auf Hunde gebunden.

HERMANN. Lehrt sie den Tod, und fangt ihre schönen Hengste und Stuten.

Die cheruskische Reiterei sprengt hinunter, zerstreut die Turmen, von deren Mitgliedern indes sich viele hinter die Legionen flüchten, und kehrt mit gefangenen Pferden zurück.

EIN RÜCKKEHRENDER CHERUSKER. Kein Gott!

ZWEITER. Bei Gott nicht!

ERSTER. Rettet das Volk noch einige der besten Stücke seines Getiers!

ZWEITER. Was erwischtest du?

ERSTER. Diesen Rappen, mit zwei weißen Flecken an jedem Fuß, die ihn zieren möchten, wären sie nicht ungleicher Größe.

ZWEITER. Ich erbeutete gar nichts.

ERSTER. So brauchst du dich auch nicht um eine schlechte Beute zu ärgern.

EGGIUS *rückt mit der neunzehnten Legion herauf.* Besser Schritt gehalten!

HERMANN *beiseit.* Stirn, bleib mir kalt! Es wird ungeheure Gefahr! *Laut, zu seiner Vorhut.* Sacht! Weicht nicht zu geschwind! Beim Weichen ist man nie zu langsam!

Thusnelda, in einem Wagen, dessen braune Renner sie selbst lenkt, erscheint auf der Höhe.

DAS DEUTSCHE HEER *sich umblickend.* Eine Walküre über uns!

HERMANN. Viel Besseres: mein Weib, bei mir in der Stunde der Gefahr! – – Und fürchtest du nicht vor den römischen Geschossen?

THUSNELDA. Du bist ja mit mir unter ihnen. – Ich bring euch Speis und Trank und zwanzigtausend Mann. – Laß das zürnende Rütteln an meinem Wagen. Die Speichen könnten leicht auseinandergehen. Zu Haus ist alles, ungeachtet meiner Abwesenheit in Ordnung.

HERMANN. Kein Zorn, nur Freude rüttelt an dem Wagen.

THUSNELDA. Nimm dieses Tuch und trockne deine Stirn, du bist erhitzt. Das darf ein Feldherr nicht sein, wie ich glaube.

HERMANN. Zu Zeiten wohl!

INGOMAR. Neffe –

HERMANN. Oheim?

INGOMAR. Deine Frau ist kein Weib.

HERMANN. Alle Wetter, was denn?

INGOMAR. Kanns nicht recht sagen. Doch gegen ihre Stirn tausch ich nicht die Sonne, nicht den Blitz gegen ihr Lächeln, und ihren Mut und Verstand betreffend –

THUSNELDA. Schon zuviel, Oheim.

INGOMAR. Nun spricht sie gar mit mir!

HERMANN. Werde nicht verliebt, Alter, und mache mich nicht eifersüchtig.

INGOMAR. Wie ihre Augen durch das Heer rollen! Wer das aushält, hat statt des Herzens, noch weniger als einen Kiesel im Leibe, denn selbst der Kiesel sprühte Funken! – Ich will, Ihr zu Ehren, Feindesleichen machen, und mich darunter zerstreuen!

HERMANN. Warte bis die vorderste Neunzehnte an jene schmale Wegstelle kommt und ihre alte vierschrötige Taktik dünn und einfach machen muß.

INGOMAR. Mit dem Warten gewann ich mein Lebstag noch keinen Pfennig. – Trabanten, folgt mir!

HERMANN. Bergunter ist er. Wenn da nur nicht schon die Sigambrer sich in seine Seiten schwenkten, und seine Nachhut mordeten.

THUSNELDA. Sind die Sigambrer nicht Deutsche?

HERMANN. Dermalen Römlinge. Blätterabfall der Eiche, die in Europas Mitte prangt. Sie kann viel entbehren, und bleibt stark.

THUSNELDA. Das sage nicht. Man muß haushälterisch sein, und sei man überreich.

INGOMAR *aus der Tiefe.* Kerle, seid ihr toll? Laßt euch abschlachten wie das liebe Vieh?

INGOMARS TRABANTEN. Wehren wir uns nicht noch im Sinken?

EINER DER TRABANTEN *verwundet, im Todeskrampf.* Bengel, den ich am Kragen habe, Specht, der du weither flogst, du fliegst nicht so weit zurück! *Er stürzt mit einem erdrosselten Römer zur Erde, und stirbt gleich darauf selbst.*

HERMANN. Ihr Reitertrupps der Tenkterer rettet Ingomar und die Trümmer seiner Scharen, der Gedanke an euren Rhein dabei nicht zu vergessen!

DIE TENKTERER. Der Rhein! *Sie stürmen hinunter und bringen nach einer Pause Ingomar und zwei seiner Trabanten herauf.*

HERMANN. Umgesehen: rechts und links nisten sich Veliten ins Buschwerk ––Brukterer, jetzt beweist, daß ihr abgefeimte Wilddiebe seid, und mir manches Stück wegschosset – ihr kennt hier jeden Baum und jeden Schleichweg

DIE BRUKTERER. Herr?

HERMANN. Tuts nicht wieder und säubert heute das Holz von den zweibeinigen Ebern in Menschengestalt.

DER HÄUPTLING DER BRUKTERER *pfeift mehrmals durch die Finger.* Tuwith!

ERSTER BRUKTERER. Die Zeichen! – Ich muß auf jenen Anstand.

ZWEITER. Ich in dieses Gesträuch.

DRITTER. Wir müssen hinter jene Lärchtannen.

Der Anführer pfeift noch einmal mit hellerem Ton.

DIE BRUKTERER. Ha, nun dran und drauf!

Die Bruckterer verbreiten sich im Walde. Bald darauf stürzt der Rest der Veliten blutend aus ihm zu den Legionen.

HERMANN. – – Oheim, wo sind deine übrigen Trabanten?

INGOMAR. Schaust du endlich nach mir um?

HERMANN. Ich hatte bislang nach was anderem zu sehen.

INGOMAR. Meine Leute liegen unten, sind auch nicht gefangen worden, vielmehr gottlob! auf ehrliche Art mausetot.

HERMANN. Opfere künftig deinem unüberlegtem Mut nicht tapfere Männer.

INGOMAR. Unüberlegt? Schrie und schreit der greise Eggius nicht schon an diesen Höhen? Hielt ich ihn nicht auf und macht ich ihn nicht verdutzt?

HERMANN. Damit er, über deine Niederlage ermuntert, nun desto trotziger den Berg ersteigt? – Da tut ers schon.

INGOMAR *um den sich neue Waghälse gesammelt haben.* Das halte ein Verräter aus! Stürzen wir ihm entgegen, das Heer uns nach, und mein Hals der erste, welcher aufs Spiel gesetzt wird!

HERMANN *zu seinem Heer, welches sich in Bewegung setzen will.* Wer ohne meinen Befehl den Fuß bewegt, dem tanzt der Kopf vom Rumpf! *Den Ingomar vom Pferde reißend.* Und du, alter Fasler, geh künftig zu ebener Erde, daß man weniger dich sieht und hört, und du dein edles Roß nicht zu Torensprüngen mißbrauchst.

INGOMAR. Das deinem Mutterbruder?

HERMANN. Allgemeine Blutsverwandschaft, nicht Mutterbruderei gilt in der Schlacht!

INGOMAR. Zuweilen sagst du ein wahres Wort, aber den Schimpf, den du mir angetan, vergeß ich in meinem Leben nicht. Du sollst sehen!

HERMANN. Vergiß die vermeintliche Beleidigung nur so lange, bis wir den Feind vernichtet haben. Dann will ich deine Rache erwarten. – – Du schläfst, Thusnelda?

THUSNELDA *senkt ihr Haupt noch tiefer, blickt ihn bedeutungsvoll an, und schließt die Augenlider fester als zuvor.*

HERMANN. Ich verstehe. *Laut.* Die Fürstin, welche euch im Kampfe Lebensmittel brachte, schläft im Vertrauen auf eure Waffen – Wer stritte nicht für ihren Schlaf und ihren Schutz?

DIE DEUTSCHEN. Wir alle!

EGGIUS *voran mit der neunzehnten Legion, Varus aus der Mitte der achtzehnten sein ganzes Heer leitend, hinten die zwanzigste.* Fünffingrige Manipelzeichen, weist dorthin auf die Höhe, und den Adler der bis heute alle Berge überflügelte, auch auf sie getragen!

HERMANN. Dicht und dichter drängen sie sich mit ihren toten Vögeln heran! Meine Leute, nur getrost, und schaut auf: da über euch steigen unsre *lebendigen* Adler empor, schütteln Regen und Unwetter von ihren

Fittigen, uns zum Heil, dem nicht daran gewöhnten Feinde zum Verderb, und zucken von Nord nach Süd und von Süd nach Nord, wie die grimmig bewegten die Welt durchrollenden Augenwimpern des Wodan!

EGGIUS *fast auf der Höhe.* Sturm!

HERMANN. Wind heißt es! *Er wirft seinen Wurfspieß und einer der vordersten Römer stürzt von demselben durchbohrt zur Erde. Die Legionare starren einen Augenblick.*

INGOMAR. Den hast du niet- und nagelfest gemacht. Er macht sich nicht los, wie sehr er sich auch um den Speer windet.

EGGIUS. Was ist das für ein Zaudern wegen eines einzigen Gefallenen? Vor!

HERMANN. Wir stehen hier an Deutschlands Pforten – Sei'n wir wackre Riegel – Brechen die Römer durch und erreichen ihre siebentürmige Feste Aliso, dort hinter uns, so sammeln sie sich da von neuem, erwarten Hülfe vorn Rhein, uns zum zweiten Mal zu unterdrücken!

EIN CHERUSKER *zu einem anderen.* Bartold.

BARTOLD. Fritze, zupfe mir nicht den Ärmel entzwei. Er ist schon mehr als mürb, und ein neuer kostet Geld.

FRITZE. Tauschen wir uns um.

BARTOLD. Schmachtlappen, bleibe mir meilenweit vom Leib.

FRITZE. Höre doch – Laß mich an deine Stelle in die vorderste Reihe. Beim Leinweben hab ich mich hager gesponnen –

BARTOLD. Wahr, Hemdsfaden!

FRITZE. Du dagegen bist vierschrötig vom Pflugtreiben, und ich kann mich mit dem Rücken auf deine Brust stützen, trifft mich vorn ein Puff. Denn ich möchte auch gern einen von den Advokatenknechten auf meinen Spieß laufen lassen, um meiner Frau davon zu erzählen.

BARTOLD. Was hast du in dem dicken Schnappsack?

FRITZE. Brot, Wurst, Speck, Schinken und geräuchert Fleisch.

BARTOLD. Gib mir ab.

FRITZE. Nimm.

BARTOLD *essend.* Teufel, deine Frau will dich fett füttern. So wie dich mästet man kaum ein Schwein.

FRITZE. Friß mir nur nicht auch den Schnappsack auf. Den muß ich ihr zurückbringen, oder –

BARTOLD. – das Weib haut dir hinter die Ohren. *Er hat den Schnappsack so ziemlich geleert.* Tritt nun vor, und verlaß dich auf mich.

EGGIUS. Wir sind auf der Spitze!

HERMANN. Und müßt wieder hinunter oder euch den Weg über Leichen von Fürsten und Völkern bahnen!

Zu seinem Heer.

Jetzt greift an, ihr alle! Vorn, zu den Seiten, und horcht! in dem Feinderücken kommen die Harzer an, und grüßen uns mit ihrer lustigen Bergmusik!

DAS HEER. Heil dir, alter Blocksberg, und deinen Söhnen!

Es stürzt auf die Römer.

VARUS. Die Zwanzigste hat sich gegen die Wilden vom Harze zu wenden!

EGGIUS. Wir aber fassen diese Berge bei ihren Schöpfen, wie ihre Bewohner bei ihren Haarbüscheln.

Allgemeiner Kampf um die Höhe der Dörenschlucht.

HERMANN. Deutschland!

EINIGE IN SEINEM HEER. Er spricht oft davon. Wo liegt das Deutschland eigentlich?

EINER. Bei Engern, wie ich glaube, oder irgendwo im kölnischen Sauerlande.

ZWEITER. Ach was! es ist chattisches Gebiet.

HERMANN. Und kennst du deinen Namen nicht, mein Volk?

STIMMEN. O ja, Herr – wir sind Marsen, Cherusker wir – wir Brukterer, Tenkterer –

HERMANN. Schlagen wir jetzt und immer nur gemeinsam zu und die verschiedenen Namen schaden nicht. *Für sich.* Ich muß mit geringeren aber näheren Mitteln wirken. *Laut.* Grüttemeier, deine beiden schwarzen Ochsen – denkst du noch an sie?

GRÜTTEMEIER *Tränen in den Augen.* Ja wohl, mein Vater empfahl sie mir im Sterben.

HERMANN. Eine Manipel stürmte in dein Haus, schlachtete, s briet und fraß sie, und gab dir nichts ab!

GRÜTTEMEIER. Abgeben? Was von dem Fraß übrig blieb, traten sie mit den Füßen, oder schmissens an die Wand. Ich hätte auch nichts davon essen mögen.

VIELE DEUTSCHE. Wie dem gings uns!

EGGIUS *sehr laut.* Rom!

HERMANN *noch lauter.* Alle übrigen von den Römern gestohlenen und liederlich verschwelgten Gottesgaben: Linsen, Kohl, Erbsen und große Bohnen! Widersteht, auf daß ihre Fäuste nicht zum zweiten Mal in eure Töpfe greifen!

VARUS. Legat, wie lange währts daß du die Höhe ganz in der Gewalt hast? Man wird hier ungeduldig.

EGGIUS *für sich.* Das glaub ich. Ich und meine Leute sinds schon
längst.

Er ruft dem Varus zu.

Man hat hier zuviel mit Linsen, Erbsen und verdammt saurem Kohl
zu tun! – Doch ich wags drauf von neuem, und will, wenn ich gewinne,
in Rom der Ceres einen Tempel weihen, als Beschützerin der Hülsenfrüchte! Drum Göttin der Getreide, wende dich ab von deinen germanischen Anbetern, und hilf mir!

HERMANN. Ziegen, Schafe, Hühner, Tauben, Hechte, Forellen, alles
was sie ergreifen konnten, nahmen euch die Schufte, ohne zu bezahlen.
Kerbt ihnen mindestens die Rechnungen ins Gesicht, zum Andenken
bei ihrem Abzug!

EGGIUS. Der Kaiser!

HERMANN. Denkt der in seinem Namen gestohlenen Runkelrüben,
und seiner Sachwalter, Advokaten, und, schlimmer als beide, seiner
Gesetze und Richter!

DIE DEUTSCHEN. Ha! *Sie stürzen mit einem furchtbaren Anprall auf
die Römer.*

EGGIUS *zu einem Unterlegaten, leise.* Sag dem Prokonsul, wir
erzwängen dermalen nichts mehr. Ich müßte umwenden und er
möchte mit seiner unversehrten Achtzehnten es auch tun. Die Zwanzigste wird es schon getan haben, da sie genug mit den ihr im Rücken
hervorbrechenden Harzkerlen zu schaffen hat.

Der Unterlegat ab. Eggius laut.

Das war ein sieg-, ein höchst glorreicher Angriff, Krieger! Ihr überwan-
det die Natur und die Menschen! Indes, es dunkelt, ruhen wir bis
morgen in einem Nachtlager, und machen wir dann beim Tagslicht
den Aufrührern das Garaus!

Die Römer ziehen bergunter zurück.

THUSNELDA. Er schlägt sie in die Flucht! O Ich! Was bin ich? Sieges-
freude!

HERMANN. Ihnen nach! Stoßt sie, daß sie übereinanderpurzeln wie
Kraut und Rüben!

VARUS. Ruhig, Eggius. Die Achtzehnte nimmt euch in ihre Zwischen-
räume auf, und wird euch zu decken wissen.

Die neunzehnte Legion marschiert durch die Lücken der en echiquier
aufgestellten achtzehnten, und
diese steht plötzlich statt ihrer in Schlachtordnung vor den Deutschen.

HERMANN. Laßt euch nicht durch Kriegskünsteleien verblüffen. Hinunter und noch tiefer müssen sie doch!

Er greift mit der Reiterei die achtzehnte an, wird jedoch abgewiesen.
Die neunzehnte Legion rückt so unter dem Schutz der achtzehnten mit
derselben in das Tal, und wirft die Lagerwälle auf.

HERMANN. Stört sie bei ihrem Nestermachen!
VARUS *unter heftiger Gegenwehr seiner Truppen.* Heut gehts noch nicht!
HERMANN. Es ist auch noch nicht aller Tage Abend! *Zu seinen Leuten.* Vergeudet euer Blut nicht, laßt sie bauen, sie müssen doch bald aufbrechen oder verhungern. Einer vom Harz meldet mir eben, daß seine wackeren Kameraden ihnen allen Proviant genommen. Umstellen wir sie nur mit Beobachtungsposten, und feiern wir oben auf unsren Gebirgen unter Feuer und Met seit langen Jahren unsren ersten freien Jubel wieder, wie ringsum unsre Bundsgenossen auch tun. Die Fortsetzung des Blutbades folgt morgen.

Er stellt Posten aus und begibt sich mit seinen Heerhaufen auf die Höhen
der Dörenschlucht und
der umliegenden Berge.

Wo ist meine Gemahlin?
EINER SEINES GEFOLGS. Sie hat sich entfernt, – der Anblick des Kampfes hätte sie zu heftig erschüttert, sagt sie, – auf dem Siegesfelde sähe sie dich wieder.
HERMANN *für sich.* Das kann noch lange währen – –

Erste Nacht

1

Varus steht auf seinem Lagerwall. Eggius neben ihm.

VARUS. Setzen wir uns, Präfekt.
EGGIUS. In den Kot?
VARUS. Warum nicht? *Für sich.* Sind wir nicht bald seines Gleichen?
Doch, ich hoffe noch – *Beide setzen sich.*
EGGIUS. Mein Waffenträger erhält morgen früh viel zu putzen.
VARUS. Syrien ist ein schönes Land.
EGGIUS. Wie kommst du auf Syrien?
VARUS. Ich war dort sechzehn Jahr Statthalter bis Pontius Pilatus
mich ablöste. Auch die Juden dort sind so übel nicht.
EGGIUS. Laß uns lieber von den Germanen reden.
VARUS. Die haben wir nahe genug. Sprechen wir eher von jenen
glücklicheren Zonen. Das Meer spült da leiser an den Küsten, als hier
der ewige Regen auf die Täler herniederrauscht.
EGGIUS. Ich war nie da.
VARUS. Wie alt bist du?
EGGIUS. Ich habs dir schon gesagt: achtzig Jahre.
VARUS. – – Und mußt nun mit mir untergehn? – –
EGGIUS. Na, so weit ists noch nicht. – Wärs? Desto besser. Ich lebe
mir selbst schon zu lang. Was hat man endlich von all den Plagen?
Ein bißchen Schlaf. Der Tod wird erquickender sein. Man braucht
dabei nicht aufzustehn und sich die Augen zu reiben.
VARUS. Wie sie auf den Bergen brüllen! no
EGGIUS. Unsre Geschichtschreiber und Dichter nennen das Bardiete.
VARUS. Ich wollte, sie säßen hier, und müßten in Wind und Regen
das Bardengeheul anhören.
EGGIUS. Heda! Da sprengt jemand auf die porta decumana.
VARUS. Sei ohne Sorge. Die ist gut bewacht.
HERMANN. Was gleißt der fremde Adler durch Deutschlands Nacht?
Senner, hilf! *Er sprengt mit seinem Senner über die römischen Wälle,
entreißt der neunzehnten Legion ihren aufgepflanzten Adler und jagt
zurück.* Da Gaul, zerstampf den roten Schuft!
VARUS. Der Adlerträger und die Adlerwacht deiner Neunzehnten
werden sofort erdrosselt. Besorgs.
EGGIUS. Ich werde die Henker befehligen.

2

Die Höhen der Dörenschlucht
Das deutsche Heer auf ihnen gelagert. Große Feuer. Das Volk sitzt auf
Holzblöcken um sie herum, singt, würfelt, und trinkt, trotz des starken
Regenwetters. Strohbündel behufs des Übernachtens werden herbeige-
schleppt.

VIELE.
    Towitt,
    Tohu,
    Roms Leichenvögel singen!

Zwei Cherusker liegen an einem Feuer und würfeln.

ERSTER *schürt das Feuer.* Das knistert und prustet. Kriegts Feuer auch
den Schnupfen?
ZWEITER. Wirf!
ERSTER. Neun! Gut stehen sie!
ZWEITER *wirft.* Zehn! Besser sind sie! Bezahle.
ERTSER. Ich habe keinen Pfennig bei mir. Du bekommst meine Kuh.
ZWEITER. Gut.
ERSTER. Fahren wir fort. Ich setze meine Wiese.
ZWEITER. Ich meinen Brink. *Sie würfeln.* Die Wiese ist mein.
ERSTER. Donner und Wetter, jetzt wag ich Haus und Hof!
ZWEITER. Auch ich mein Gehöfte. – – Ich habe gewonnen.
ERSTER. Du betrogst mich vor zwanzig Jahren mit einem Scheffel
Mehl. Es war eine Metze Sand hineingemengt.
ZWEITER. Laß diese alte, lügnerische Geschichte. – Hören wir auf
mit dem Spiel?
ERSTER. Glaubst du, mich hätte ein toller Hund gebissen? Ich habe
verloren und muß wieder gewinnen!
ZWEITER. Du hast ja nichts mehr einzusetzen.
ERSTER. Weib und Kind!
ZWEITER. Wohl. Ich setze alles, was ich bisher von dir gewonnen
habe, dagegen. – – Ich bin im Glück, sie sind mein.
ERSTER. Nun – o heilge Freiheit verlaß mich nicht – setz ich mich!
ZWEITER. Ich mich gleichfalls. – – Da! du hast verloren und bist mir
leibeigen samt deiner Familie. Ihr sollt es aber nicht schlecht bei mir
haben.
ERSTER. Wenn die Metze Sand nicht in dem Scheffel gewesen wäre,
glaubt ich dir.
ZWEITER. Dein Schicksal tut mir leid. Indes Spielschuld erläßt man
nicht, sonst rächt sie sich an dem Verächter und man gewinnt nie
wieder.

ERSTER. Aber mein Heerdienst?
ZWEITER. Den mußt du so gut erst leisten wie ich. –

Viele Brukterer, Tenkterer, an einem anderer Feuer. Hinter den Tenk-
terern ihre angebundenen Pferde.

EIN TENKTERER. Da Gaul sauf! Die Bestie macht mir Durst, so be-
haglich schlürft sie den ganzen Trankeimer aus. *Er setzt sich zu den*
übrigen. Met!

Sie wälzen ihm eine Tonne Met vor.

Schön. Wenn ich mit der fertig bin, werd ichs mit mir gewiß sein. –
Habt ihr denn keine Becher oder Gläser?
EIN BRUKTERER. O ihr feinen Rheinländer, nippt ihr schon aus den
winzigen römischen Geschirren? – Wir denken, je frischer vom Faß,
je besser im Hals. Leg dich vors Spundloch. Du sollst spüren wie's dir
daraus zu Kopf steigt.
DER TENKTERER *schlürft aus dem Spundloch.* Ich spür und spüre,
und möchte bis auf den Grund spüren, doch das geht nicht. *Er liegt*
besinnungslos da.
HERMANN *ist aufgetreten, und übersieht das Lager. Zu den Knechten.*
Mehr Wasser ins Met gemischt. Die Kerle sind mir sonst morgen früh
alle schlaftrunken.
EIN KNECHT. Herr, das Wasser merken sie –
HERMANN. Ach was, haben sie nur ein nasses Maul, kommts ihnen
auf die Güte des Getränks nicht an.

Knechte ab.

Hier zechen oder gar schlafen, kann ich nicht. Ich will mich an diese
alte Rüster von Eiche lehnen und so die Nacht durchwachen. – Sollte
mir das Wagstück gelingen? Noch haben wir sie nur zurückgeschlagen,
nicht überwunden. – – – Wie der Sturm in den Ästen heult und die
Wolken hin und her über den Wald jagen, wilde, gespenstische Reiter
mit wilden Gesichtern! – Ah, da auf einen Augenblick der Mond, aber
wie trübrot, und weg ist er wieder – Verlören wir, sie rotteten ganz
Deutschland aus, und machten es zur Kolonie. Man kennt sie. – Es
wird still. Die Leute senken die Häupter und schlafen ein.

Nach langer Pause.

Schon ist es weit über Mitternacht, und will noch der Morgen nicht
kommen? Er wird blutig werden, aber ich hab ihn immer lieber, als

diese wüste Stille, worin ich unter Tausenden vielleicht allein nur für sie alle sorge und denke – –

Zweiter Tag

Hermann ist an der Eiche eingeschlummert. Sein ganzes Heer, außer den aufgestellten Posten liegt im tiefsten Schlaf. Es stürmt und regnet stark.

HERMANN *im Traum.* Nein, Präfektus Prätorio, solche sklavische Ehrenbezeugungen mach ich ihm nicht.

Es stürmt und regnet stärker.

Nein, nein, und schreist du auch tausendmal lauter als Sturm und Regen. Er ist nur ein erwählter Kaiser, doch ich bin ein geborener Fürst. Ich grüß ihn, wenn er vorübergeht, meine Kniee beug ich nicht.

Ein Windstoß macht die ganze Eiche knarren und zittern. Hermann erwacht.

Wo war ich? In meinen Jugendtagen? im Palatium? wo ich so oft mit dem Präfektus Prätorio über die Hofgebräuche stritt? Dank dir alte Eiche, du hast mich zur rechten Zeit geweckt, denn der Tag beginnt zu dämmern und im Römerlager rauschts schon als scharten sich Gewaffnete zum Ausrücken. Deine Blätter sollen von jetzt an Deutschlands Zeichen sein. *Es kräht ein Hahn.* Auf, auf, die Hähne wünschen einander schon aus der Nähe und Ferne guten Morgen!
EIN CHERUSKER *der neben einem anderen zu seinen Füßen schläft, erwachend.* Ermuntre dich, der Feldherr ruft!
DER ANDERE CHERUSKER *schlaftrunken und sich auf die andre Seite drehend.* Laß mich zufrieden. Ich habe heute keine Lust, alte Vettel.
ERSTER CHERUSKER. Bei Gott, der meint, er läge bei – *Er rüttelt ihn aus Leibeskräften.* Du bist ja nicht zu Hause! so
ZWEITER CHERUSKER *erwacht.* Das spür ich. Ich bin durchgeregnet bis aufs Hemd.
ERSTER. Es wird bald im Kampf trocknen. Das ganze Heer ist schon in Bewegung, und hier kommen unsre Rottenführer.
HERMANN. Horcht, die Ravensberger und die Harzer sind bereits wach, und jagen sie mit Hörnerklang aus der Ruhe. Unsre Pflicht ist, daß wir das aufgescheuchte Wildbret nicht entwischen lassen.

Die achtzehnte Legion will vorauf aus dem Lager marschieren.

HERMANN *eilt ihr mit Truppen entgegen.* Halt!

VARUS *in der Mitte der Achtzehnten, welche stutzt.* Laßt ihr euch schon von Feinden gebieten? Heut sind wir im Vorteil, bloß weil wir im Tal mit dem Feinde auf gleichem Grund und Boden stehen –
EIN LEGIONÄR *für sich.* Hätten wir gestern auch nur nicht mit ihm auf seinen Bergen angebunden.
VARUS. Speerträger brecht vor, ihr leichten Truppen und ihr Principes entfaltet euch zu beiden Seiten, Triarier seid die Nachhut – Wir wollen nach Süden zu hinausmarschieren.
DER LEGIONÄR *für sich.* Weil wir müssen.
VARUS. Wehe dem, der uns hindert! –

Die Legion bricht in der befohlenen Ordnung aus dem Lager, und die Deutschen müssen weichen. Varus zu der Legion.

So! euch fehlte nur der schickliche Platz, jetzt habt ihr euch entfaltet, ein Adlergefieder!
HERMANN. Daran soll in diesen Tälern schon gerupft werden.

Die neunzehnte und zwanzigste Legionen folgen dichtgedrängt der achtzehnten auf dem Fuß.

EIN SOLDAT DER ZWANZIGSTEN LEGION. Was fehlt der neunzehnten, sie marschiert ja mit gesenkten Köpfen vor uns her?
EINER SEINER KAMERADEN. Sie, die immer gegen uns so gern vornehm tun wollte, schämt sich heut. – Bemerkst du nicht, daß ihr der Adler fehlt?
ERSTER SOLDAT. Wo ist er denn?
ZWEITER. Du hast fest geschlafen. Die Reiter des Cheruskatyrannen sprengten ja die ganze Nacht um unser Lager und schrieen: »einen Vogel hat der Fürst gefangen, sein Pferd hat ihn in den Dreck gestampft!«
HERMANN. Helft doch unserer armen Retlage! Sie wollen den Bach überschreiten, und so klein er ist, wehrt er sich und schwillt ganz ärgerlich auf!

Kampf. Unter vielem Verlust erzwingt Varus den Übergang über die Retlage.

Ihr drei Reiter, eilt zu den Ravensbergern, daß sie mit ihren Spießen besser den Feind in die Fersen stoßen! Sagt ihnen, wir wären an seinem Kopf!
VARUS. Verzaget nicht! Noch bricht die Sonne durch die Wolken, noch gibt es Sieg und Tod, und zu erwürgende Germanen!
HERMANN. Laßt ihnen keine Ruhe!
EGGIUS. Prokonsul –

VARUS. Was ist dir?

EGGIUS. Gib mir die Hand. – Ich bestelle Quartier, du wirst bald nachkommen. Denn durch all diese Schluchten und Waldungen gelangst du nicht nach Haus. *Er stürzt sich in sein Schwert.*

VARUS. Die Memme! Auf *die* Art kann man in der Tat leicht seinen Pflichten gegen Kaiser und Reich, so wie jeder Lebenslast entwischen. Reißt ihm Rüstung und Kleider ab, und werft den alten Ausreißer nackt beiseit.

Zu einem Kriegstribun.

Verfüge dich zur Neunzehnten und übernimm statt seiner den Befehl bei ihr.

Der Kriegstribun reitet zur Neunzehnten.

HERMANN. Sie helfen uns! Sie töten sich schon selbst! – Sturm und Sturm und unermüdlich!

Die Legionen kommen unter beständigem Handgemenge bis auf das Bruch bei Detmold.

VARUS. Haltet!

HERMANN. Hier ist die Stätte, wo sie über euch richteten, schalteten und sportulierten, nach Belieben! Vergelten wirs ihnen auf dem nämlichen Fleck, das Schwert in der Faust!

VARUS. Weist sie kaltblütig ab. *Für sich.* Bei jedem Schritt merk ich, daß der Eggius, wenn auch nicht rechtlich, doch klüger gehandelt hat als ich dachte. Ich werde wohl bald mit meinen Kriegern seinem Beispiel folgen müssen. Es ist seit gestern früh keine Brotkrume mehr im Heere und die Tapfren fechten und sagen nichts davon. Sollte das nicht die härteste Brust erschüttern?

DER SCHREIBER *kommt mit einem Bündel Akten.* Hoher Herr, nimm dir einen Augenblick Zeit. Hier ist der Schreibstift. Unterzeichne und legalisiere dies Dokument.

VARUS. Jetzt? Siehst du nicht die Spieße und Pfeile, welche uns umfliegen?

SCHREIBER. Nein, die Legalisation der Akte ist zu dringend.

VARUS. Die feigen Schreibfüchse sind vor einer mangelnden Vidimation ihrer Akten bänger als vor ihrem Leben?

SCHREIBER. Nämlich: das Dokument begreift eine Verschreibung über verschiedene dahier gelegene Ländereien, welche du dem Quintus Acerba schenktest, und die er vor einigen Tagen dem Marcus Manius verkauft hat. Letzterer, der bereits zwanzigtausend Sestertien auf die Güter bezahlt hat, ersucht mich, bei den eingetretenen bewandten

Umständen, unter welchen das Land leicht an die Cherusker verloren gehen könnte, ihm diesen Kaufkontrakt abschriftlich mitzuteilen, damit er, wenn er hier sein Eigentum verliert, in Rom aus irgend einem Rechtsgrund Regreß gegen den Gegner ergreifen kann, der auch mir in dolo zu sein scheint.

VARUS. – Die Triarier sollen zwar stets als die letzten und besten im Kampf aufgespart werden, doch kehren wir die Ordnung um, brauchen wir sie einmal als die vordersten. Cäsar kehrte auch oft eine Regel um und siegte. – Triarier der drei Legionen, vereinigt euch und stürzt dem Feind auf den Hals mit gefällten Speeren!

SCHREIBER. Meine Sache ist dringend, denn der Marcus Manius –

VARUS. Hat dich wohl gut bezahlt?

SCHREIBER. Ich bitte, unterzeichne!

VARUS. Schafft mir den gelbhaarigen Federhelden fort!

SCHREIBER *indem er abgeführt wird.* Ich habe das meinige getan!

Die Triarier haben Hermann zum Weichen gebracht.

VARUS. Ah, etwas Luft!

Angriffe der Harzer und anderer deutscher Völker im Rücken und zur linken Seite der Römer.

Neunzehnte, verdien dir einen neuen Adler! Stoßt Hermanns Bei-Kläffer zu Boden! – – Setzen wir uns in Detmold fest.

EIN LEGAT. Das geht nicht, Prokonsul. Der Ort ist abgebrannt, wie alle übrigen Flecken, Dörfer und Weiler umher.

VARUS. Ich bin müde. Erfrischt euch mit dem Wasser dieses Bachs, Soldaten, und schlagt das zweite Nachtlager auf. Zwar steht die Sonne noch ziemlich hoch am Himmel, doch wir haben heut genug getan und morgen einen schweren Gang vor uns.

HERMANN. Alle Himmel, sie gönnen uns nicht das Wasser mehr! Wie sie sich an das Flüßchen legen! Überschüttet sie mit Pfeilen, sonst saufen sie es rein aus!

VARUS. Trinkt euch satt, Kinder, und schüttelt ihre armseligen hölzernen Pfeile von den Helmen, wie ich diese Regentropfen davon schüttle. *Er blickt sich um und sieht die übrigen mit dem Aufwerfen der Lagerwälle beschäftigten Krieger.* Die dürfen auch nicht dursten! Bringt ihnen Wasser –

Viele der Soldaten nehmen, ohngeachtet aller Gefahr und obgleich manche mit den unbedeckten, pfeilgetroffenen Köpfen verwundet oder

tot in den Fluß stürzen, ihre Helme ab, füllen sie mit Wasser und
bringen es ihren am Lager arbeitenden Kameraden.

EIN VETERAN. Dank dir für den Labetrunk! – Jetzt will ich weiter arbeiten – *Er will mit dem Spaten auf den Wall noch Erdschollen werfen.* Ich kann nicht mehr. Die anderen werdens auch nicht besser machen. Tagelang nur Hunger, Durst, und Kampf. Das spürt man allmählich. Nicht? *Er sinkt nieder und stirbt. Viele seiner Mitarbeiter fallen ebenso.*
VARUS. Hört auf, und laßt den Wall so, wie er jetzt ist. Er hat nur die halbe Höhe, doch statt daß ihr bei seinem völligem Aufbau sterbt, wollen wir wagen, auch hinter halben Wällen zu ruhen und uns nötigenfalls zu verteidigen. – Der Feind ist auch matt, und wir dürfen uns schmeicheln: er ward es nicht ohne unsre Schuld. Auf allen Ecken zieht er sich zurück.

Zweite Nacht

1

VARUS *sitzt wieder auf dem Lagerwall. Er ringt die Hände.* Wir kommen nicht durch! Lebte Eggius noch, so hätt ich jemand, dem ich meinen Schmerz klagen könnte. So lang das Rad der Welt in seinen Achsen sich dreht, wird man sagen, die Feigheit und Dummheit des Varus verlor dem Augustus seine besten Legionen, – und ich sage, ich war ein zu weit vorgeschobener Posten, habe oft deshalb nach Rom geschrieben, fand aber kein Gehör. Sie wähnen dort, Germaniens Forsten ließen durch Polizei sich so leicht zwingen, wie die rechtwinklig sich durchschneidenden Straßen der Städte Italiens. O, sie kennen kein Gebüsch und das Ungeziefer unter ihm!

DER SCHREIBER *kommt.* Jetzt, Herr, wo du Zeit hast, bist du wohl so gütig –

VARUS. Schweig von deinen Vidimationen für Manius und Konsorten. – Setz dich zu mir, laß uns ein bißchen miteinander plaudern. *Für sich.* Er ist immer einer der Gebildeteren im Heer, und womit nimmt man nicht vorlieb, wenn man in Not ist und sich vor Sorge kaum zu lassen weiß? – Setze dich!

SCHREIBER. Ich tu es, und wenn ich mich dessen erfreche, ists deine Schuld, Feldherr, denn du hasts geboten.

VARUS. Was hältst du von diesem Rückzug?

SCHREIBER. Was du befiehlst.

VARUS. Kommen wir wohl durch die Hohlwege und Waldungen, welche sich vor uns befinden?

SCHREIBER. Das wirst du wissen. Darauf versteh ich mich nicht.

VARUS *rüttelt ihn.* Kerl, bist du ein seelenloses Untier?

SCHREIBER. Ich kenne ein bißchen vom Gesetz und von den Buchstaben, welche es bilden, sonst aber schreib ich hin, was man mir diktiert und weiß oft nicht was.

VARUS. Lebe wohl, Glücklicher. *Der Schreiber geht.* Dergleichen Maschinen sind besser daran als ihre Werkmeister.

2

Hermanns Zelt
Hermann und die Herzoge der Engerer, Ravensberger, Harzer u.a.m.

HERMANN. Dank' euch, ihr habt mit euren Völkern brav geholfen und gekämpft, und erfreut mich jetzt durch euren Besuch. Treiben wir es morgen so weiter, so sind die Legionen tot oder fallen abends den Chatten als Gefangene lebendig in die Hände.

DER HERZOG DES HARZES. Die Chatten sollen wenig von ihnen und ihren Knochen abbekommen.

HERMANN. Dann müssen wir früh auf sein; die Chatten sind gewaltig gierig nach Beute und nach Ruhm, und lauern schon im Südwest. – Hier ist fast alles versammelt, was Deutschland Edles und Großes hat! Soll denn immer erst eine Not wie die jetzige es bewirken, daß wir uns vereinen? Wärs nicht besser, wir täten es von selbst, und lebten auch im Frieden unter einem gemeinschaftlichen Oberhaupt?

DER HERZOG DER ENGERER. So daß du uns der Knoten im Haar oder eine Art König würdest?

HERMANN. Nein. Jeden, den ihr wählt, erkenn ich als meinen Herrn.

DER RAVENSBERGER HERZOG. Du weißt recht gut, daß man dich wählen würde.

HERMANN. Lassen wir es gut sein. Seien wir Freunde und so kämpfen wir vom nächsten Sonnenaufgang an mit dem Feinde wie gestern und heut. Das Andere und Klügere bleibt ohnehin nicht aus, – *Für sich.* nach Jahrtausenden, wenn wir und unsre Urenkel tot sind, ists da.
– Verteilt euch rings mit euren Scharen um die Römer und seid des zeitigen Aufbruchs gewärtig. Gute Nacht!

Dritter Tag

1

Früh morgens. Lager des Varus.

VARUS. Auf!

Die Legionen erheben sich.

Da bleiben Tausende liegen! Weckt sie!
EIN LEGIONÄR. Es geht nicht. Sie sind vor all dem Drangsal über Nacht gestorben.
VARUS. Es sieht darnach aus. – –. Rücken wir vor. Südwestlich durch die Bergschluchten – Das schlackerwettert!

Die Römer rücken aus und marschieren vorwärts.

HERMANN. Ingomar!

Ingomar schweigt.

Setz dich wieder zu Pferd und störe sie mit den Anhängern, welche du wieder erhalten hast, wie du willst. – Sie kommen jetzt in unser rechtes Waldrevier und seine beschwerlichen und verworrenen Wege. Da ist für dich zu tun, aber für offne Schlachten taugst du nicht so sehr, als du vorgestern glaubtest.
INGOMAR. Die Beleidigung, Neffe, welche du mir angetan hast ist, wie gesagt, da, und nicht abzuändern, ob du auch sie mit Liebkosungen vertuschen willst. – Doch dein Befehl, daß ich die Römer wieder angreifen soll, ist das vernünftigste Wort, welches seit zehn Jahren über deine Lippen kam.

Er steigt zu Pferd und deutet mit seinem Speer auf die Legionen.

Folgt dem Winke dieser langen Fingerspitze!
VARUS. Stets ruhig weiter, und bekümmert euch um nichts. Es sind nur Bremsen.
INGOMAR *zu seinen Leuten.* Haltet! – Mein Pferd hat sein Hufeisen verloren.
EIN DEUTSCHER. Die Welschen kommen unter der Zeit, ehe das gefunden und wieder angeschmiedet wird, weiter.
INGOMAR. Mein Brandfuchs ist mir lieber als Millionen Welsche.
WIGAND, DER SCHMIED. Hier ist ein Stück von dem Hufeisen.

INGOMAR. Flicks dem Tier an. Wenn es nur etwas unter den Hufen fühlt, ist es zufrieden. Was und wieviel ist ihm gleichgültig. Darauf verstehts sich nicht. – Bist fertig?

WIGAND. Ja.

INGOMAR. Nun soll sie alle der Teufel holen! – Angegriffen, als wären sie nichts Gutes!

HERMANN *aus der Ferne.* Fällt auch allerwärts die Bäume und werft sie ihnen vor die Füße! Hier ist der alte Kriegs-, Wehr- und Wahrweg! Macht den stolzen Namen Ehre! Und den Fluß, in dem sie da verbluten, tauf ich um: statt Berlebecke heißt er künftig Knochen- und Blutbach.

2

Die Falkenburg. Großes Zimmer.
Segest und seine Knechte.

SEGEST. Eßt!

DIE KNECHTE. Wir mögen nicht.

SEGEST. Was ist euch? Was murrt ihr?

KNECHTE. Vielerlei. Roms Sklaven wollen wir nicht länger sein.

SEGEST. Das sollt ihr sein und bleiben, und meine Diener dazu!

KNECHTE. Wir dienen keinem Fürsten, der bei den Welschen selbst ein Knecht und Kratzfuß ist.

EINER. Von jetzt an fechten wir zusammen mit Hermann und an mit unsren Nachbarn und stellst du dich auch dreißigmal dagegen auf den Kopf.

SEGEST. Hunde!

KNECHTE. Sieh zu, welcher deiner sogenannten Hunde dir morgen die Stiefel wichst! *Sie gehen ab.*

SEGEST. Mir wirds öde zu Sinn als würde mein Kopf trocken wie unsre sandige Senne, doch ohne von ihren wilden Pferden belebt und aufgestäubt zu sein. – Handelte ich denn unrecht oder unklug, als ich mich aus wohlbegründetem Haß gegen Hermann den Römern in die Hände warf? – Ich will sehen was die nun einem verlassenen Greise, wie ich bin, dafür bieten. – Haus meiner Väter, lebe einstweilen wohl. Ich steige hinunter, doch komm ich wieder hinauf, werd ich dich neu auszuschmücken wissen, das Blut meiner treulosen Knechte nicht dabei zu vergessen.

Er steigt die Falkenburg hinunter und begegnet Varus.

Meine Leute haben mich verlassen, ich bleib euch treu, und biet euch auch fernerhin meinen Arm an.

VARUS. Der wird mir wenig helfen, alter Grauschimmel. Du hättest deine Leute besser in Zucht halten sollen. Geh du mir aus dem Wege – Ich traue keinem Germanen mehr, sie lügen und trügen mit offenster Stirn, und habens desto weiter hinter den Ohren und Bergen. Platz, sag ich, Schwächling und Heuchler zugleich! *Er stürzt ihn zur Erde, und Segest verröchelt unter den über ihn marschierenden Legionen.*

SEGEST *im Sterben.* Das mein Lohn?

VARUS. Münze für Verrat. Wer seine Landsleute an Fremde verrät, wirds zuletzt mit den Fremden nicht besser machen, besonders im Cheruskawald.

HERMANN. Da fiel was Großes. Wer ists?

EIN DEUTSCHER AUS HERMANNS NÄCHSTER UMGEBUNG. Segest, dein Schwiegervater.

HERMANN. Schweigt davon.

VARUS. Der Weg vor uns wird steil. – *Für sich.* Was seh ich? Seine Höhe bedeckt sich mit Wolken feindlicher Krieger!

HERMANN *jauchzend.* Die Chatten, sie sind da! Sie kommen uns in hellen Haufen entgegen über Tal und Berg! Nun Varus! siehe zu wie du dich hinauswindest.

VARUS. Weiter, weiter! Es gilt eur Alles!

DIE VORTRUPPEN DER CHATTEN *stürzen ihm von der Höhe der Landstraße entgegen.* Zurück!

INGOMAR *im Rücken der weichenden Römer, mit Harzern, Ravensbergen p.p. und seinen eignen Kriegern.* Zurück!

HERMANN *mit seinem Heere von West, und viele Bundsgenossen von der Weser und Elbe von Ost auf die Römer losstürzend.* Beiseit!

VARUS *kann ein Lächeln nicht unterdrücken.* Zeus, wo soll man bleiben! Vorn und hinten heißt es zurück, und zu beiden Seiten heißt es beiseit. – Ah, schlagen wir uns rechts, da oben auf die breite Bergkuppe, welche alle Wege der Umgegend beherrscht.

HERMANN. Sie drehen sich nach dem Windfeld zu, besetzen wir es, und fortan heißt es Winfeld, weil wir drauf nicht Wind machen, sondern da gewinnen werden.

VARUS. Dahinauf!

Gewaltige Gegenwehr der Deutschen unter Hermann auf dem Winfeld und Angriffe auf die Römer allerorts.

Es geht diesmal nicht. Erholen und stärken wir uns heute Nacht, um morgen den Aufgang zu erzwingen.

EIN QUÄSTOR. Ja, wenn man uns in diesem Tal schlafen läßt, und die Leute was zu essen und zu trinken hätten.

VARUS. Auch ich habe weder Schlaf, noch einen Bissen zu verzehren. Damit mögen sie sich trösten. – Ein ordentliches Lager können wir in den schmalen Schluchten nicht aufschlagen, hätten wir auch noch die kräftigsten Hände. Ersparen wir uns die Mühe, und lagern wir auf der freien Erde. Die eine Hälfte des Heers um die andere, soll sich alle zwei Stunden ablösen, damit sie während der Nacht sich wechselsweise beschützen.

HERMANN. Lebendig sollt ihr auf unsrer Erde nicht mehr liegen. Stehen sollt ihr, wie reifes Ährenfeld, bis ihr gemähet hinfallt *Sein Schwert schwingend.* unter unsren Sicheln!

Zu seinen Truppen.

Gebt den Bundsgenossen die Signale und greifen wir mit ihnen ringsum die ganze Nacht die Flüchtlinge an.

Hörner, Pauken, Kriegsgeschrei der Deutschen und allgemeiner Kampf.

VARUS. Bei bewandten Umständen hat die zweite Abteilung des Heers, welcher ich das Niederlegen erlaubte, sich wieder zu erheben und in den Reihen mitzukämpfen.

EIN RÖMER *aufstehend.* Säßen wir nur erst im Acheron, so wäre alles aus, mindestens wüßte man endlich, wie man daran wäre.

Dritte Nacht

Fortwährende Schlacht mit abwechselndem Glück. Doch füllen sich die vom Feind gemachten Lücken der deutschen Heerhaufen immer mit netten Ankömmlingen, während die Legionen, ohne Hülfe von außen, mehr und mehr zusammenschmelzen.

VARUS *sprengt ins Gemetzel.* Unser Leben wird hier feil, verkaufen wir es teurer an den Feind als es wert ist, tausend seiner unzähligen Köpfe für jeden der unsrigen!

EIN LEGAT. Mäßige dich, Prokonsul! So schrecklich wild warst du nie!

VARUS. Was? Hab ich mich seit dem Tage, wo wir von dem Harz zurückzogen, nicht genug gemäßigt, trotz des Unwetters, des Verrates, des Empörers, und des Unheils, welches er uns gestiftet hat. Du, weiser Ratgeber, würdest bei einem Nadelstich aufschreien, aber diese Dinge stoßen etwas tiefer in die Brust als Nadeln. – O! vergelt ichs ihnen, wie ich kann! – Wer mich lieb hat, kommt zu mir und haut mit mir ein! *Wütendes Nachtgefecht.*

HERMANN. Haltet sie ganz ruhig in dieser Bergklemme fest und laßt sie nicht entwischen!

VARUS. Auf die Stimme zu! Sie ist die des niederträchtigen Rädelsführers! Schießt zuvörderst all eure Pfeile nach der Gegend, woher sie kam. Wären die Fabeln von den Göttern, ihrer Gerechtigkeit und ihrer Macht wahr, so würden die Parzen einen Pfeil mitten durchs Dunkel auf sein schuldiges Haupt leiten.

HERMANN *aufschreiend.* Alle Hölle, was ist das? Meine Stirn!

VARUS. Trafs den glatten heuchlerischen Schandfleck?

DEUTSCHE *mit Fackeln um Hermann.* Herr, wie du blutest! Dein Antlitz ist rot überströmt.

HERMANN *hat sich gefaßt, und sich selbst verbunden.* Macht die Fackeln aus, oder wollt ihr den Römern zu einem zweiten Schuß leuchten?

Sie löschen die Fackeln. Er springt vom Pferde.

Nun laßt sie schießen. Es wird über meinen Kopf weggehen. – Beruhigt euch, der Streifschuß ist nicht gefährlich. Wunden gehören zur Schlacht. Man muß darauf gefaßt sein.

VARUS. Faßt frischen Mut, Soldaten, der Verräter ist tot!

HERMANN. Wenn ich es bin, den er so schilt, so zweifl' ich, Kameraden. Der Morgen graut. Bei dessen Licht und dem des heutigen Tages wollen wir ihm beweisen, daß ich lebe, und daß er verdirbt.

VARUS *für sich, überlegend.* Es geht nicht anders. Ich muß über das Windfeld ins Freie. Hermann, der bald fechtend, bald lauernd, darauf sich lehnt, ist mein gefährlichster Gegner und er muß zuerst vernichtet oder weggetrieben werden. Denn, rück ich vorwärts auf die Chatten, so stürzt er mir rechts in die Flanke und zerreißt uns die Rippen, wende ich mich links auf seine Bundsgenossen, so stürmt er mir nach, vereint sich mit Ingomar, und faßt uns von hinten. Wie aber befeur ich meine müden Krieger zu dem neuen Sturm? Ei was, ich tue gleichgültig, als müßt es so sein. Es sind Legionare und sie kennen auch im Unglück Ordnung und Befehl.

Zu einem Kriegstribun.

Gebiete der Zwanzigsten, daß sie durch jenes Gestrüpp und Holz den Hermann umgeht, und von oben her seinen Leuten in die wüsten Haare fällt, indes ich mit aller Macht ihn hier hinauf und der Legion unter die Schwerter treibe. – – Er hat mich grad auf dieselbe Weise auch umstrickt, und ich merke, man lernt von niemand besser als vom Feinde. Er bringts einem ernstlicher und nachdrücklicher bei als ein Orbilius oder sonst ein Schulmeister.

DER KRIEGSTRIBUN. Aber Hermanns Bundsgenossen werden uns von allen Ecken folgen und beunruhigen.

VARUS. Das lose Gesindel ist ein Beutel ohne Knopf, sobald wir Ihn davon trennen.

DER KRIEGSTRIBUN. Ich gehorche.

VARUS. Halt' einen Augenblick. Warum zittert deine Stimme?

DER KRIEGSTRIBUN. Feldherr, unter dem ich schon in Syrien und Parthien zwanzig Jahre diente, sehen wir uns wieder? Oder nimmer?

VARUS. Frage die Götter, welche uns in diesen Tagen so trefflich beschützen. Vielleicht lassen sie uns heut abend von allen Lebensmühen ausruhn.

DER KRIEGSTRIBUN. Wie –?

VARUS. Geh.

Der Kriegstribun ab.

Legionen, ewige Schande wälzt ihr über eure früher so glorreichen Namen, wenn ihr jetzt nicht eure Fehler von gestern und vorgestern durch neuen, ungedämpfteren Mut verbessert. Bedenkt: es sind nur feige, betrügerische Barbaren, mit denen wir streiten, nur vierhundert Schritt Höhe sinds bis zu jenem Blachfeld, unser Weg dahinter ist weite, freie Ebene. Tirilili! Trallera! Ihr Tubabläser und Cymbelschläger, Kriegsmusik, fröhliche!

EIN SOLDAT. Wie lustig der Feldherr wird!

VARUS *hat die Bemerkung gehört, für sich.* Was lernt man nicht im Unglück? Gar Heiterkeit und Possenreißerei!

HERMANN *auf dem Wind- oder wie er es benannt hat, Winfeld.* Links schallt es in den Eichen und Buchen wie von heraufsteigenden Tritten und wie aneinander klirrende Panzer. Die Narren wollen uns mit der zwanzigsten Legion umgehen, und kennen unser an das leiseste Waldesrauschen gewöhntes Ohr nicht *Zu einer Abteilung seines Heers.* Wirf sie hinunter! Ingomar empfängt sie auf den Spießen!

Die zwanzigste Legion wird zurückgetrieben, und unten durch Ingomar und seine Truppen vernichtet.

INGOMAR *einen römischen Adler in der Hand, ersteigt die Bergfläche.* Ich wollte dir nur meine angebliche Schuld bezahlen, welche du mir vorgestern wegen meiner unregelmäßigen Angriffe vorwarfst. Hier ist die Summe in Gold, ein Adler mit der Inschrift: legio XX, als welche Legion nun nicht so mehr ist.

HERMANN. Oheim! Wie soll ich dir danken?

INGOMAR. Mit einem offnen Zweikampf nach dem Kriege wegen der bewußten Beleidigung.

HERMANN. So geh fürerst wieder zu deinem Volk, vereinige dich mit allen Bundsgenossen da drüben und reißt den Römern, welche hier gegen mich heraufsteigen, soviel ihr könnt überall hinten an den eisernen Kragen! –

Ingomar ab.

VARUS. Achtzehnte, Neunzehnte! Was Tod, was Leben? Firlefanzerei, von Philosophen als wichtig ausgeschrieen. Es ist alles eins, nur meine Ehre nicht: folgt mir! *Für sich.* – Die Zwanzigste ist hin! –

HERMANN. Deutsche Reiterei, beweise den Römern, daß du das Lob verdienst, welches sie dir früher gaben. Schärfs ihnen ein mit Todeshieben. Fußvolk folg ihr und ahme sie nach.

VARUS. Die Lanzen vor! Laßt sie daran abblitzen. – Wer stürzt denn links und rechts wie toll?

EIN QUÄSTOR. Der Rest deines Heers.

DER SCHREIBER. Prokonsul, wolltest du nun diese Akte unterzeichnen – verzeihe – aber ganz unmaßgeblich ist es jetzt die höchste Zeit.

VARUS *sehr ruhig.* Lieber Freund, warte bis morgen. Dann will ichs tun, wenn ich kann. *Für sich.* Ich tat was ich konnte, ich bin besser als der Ruf, den mir die Nachwelt geben wird. Ich ward betrogen, – geschieht das nicht dem Besten oft am ersten?

HERMANN *wieder zu Pferde.* Ergib dich! Du sollst gut behandelt werden.

VARUS. Danke! Ich behandle mich lieber selbst.

Er stürzt sich in sein Schwert und stirbt.

HERMANN. Noch im Tod ein Phrasenmacher. Lassen wir ihn liegen für unsre Geier und Raben.

Ingomar, die Harzer, Ravensberger, Chatten und a.m. ersteigen das Winfeld.

Gebt mir die Hände! – Sie sind tot, die Unterdrücker; unsre Freiheit aber erhebt sich riesengroß über diese Berge und schaut freudetrunknen Blicks weithin auf künftige Zeiten und Enkel! Nie wird man uns und diesen Tag vergessen, so lang noch was von deutscher Sprache klingt.

Dietrich, Rammshagel und Erneste Klopp bringen den römischen Schreiber herauf.

DER SCHREIBER. Ich begehre Recht und Untersuchung!
DIETRICH UND RAMMSHAGEL. Dein Recht war Unrecht.
ERNESTE KLOPP *schlägt ihm in den Nacken.* Das wars!
DER SCHREIBER. Die wilde Katze muß mir immer im Heerlager nachgeschlichen sein.
DIE KLOPP. Das konntest du dir denken seit deinem schändlichen Richterspruch! Nageln wir den krummnasigen Bengel bei seinen Ohren an eine Eiche, und reißt ihm die Zunge aus, damit er nicht mehr krächzen kann!

Es geschieht, und andre römische Schreiber und Advokaten werden von den übrigen Deutschen ebenso behandelt.

DAS VOLK. Nun, Nattern, zischt! – Hihi, sie können nicht mehr.
HERMANN *sieht sich um.* Ihr habt genug für eure Rachlust. Seid klug, nehmt die noch lebenden Gefangenen zu euren Leibeignen und statt sie ohne Nutzen zu quälen und zu töten, laßt durch sie eure verwüsteten Felder bearbeiten. – Und ihr Fürsten, Herzöge, und Völker, was meint ihr, wenn wir nun vorwärts gingen, die römischen Festungen am Rhein eroberten, und zuletzt in Rom selbst den Welttyrannen Gleiches mit Gleichem vergölten?
VIELE IM VOLK. Was geht uns Rom an. Wir haben seine Soldaten und Schreiber jetzt vom Halse. Wir können nun ruhig nach Hause gehen und da bleiben.
EIN HERZOG *für sich.* Ich müßt ein Narr sein, unter seinem Befehl einen weiteren Feldzug mitzumachen. Er reckt den Kopf doch schon zu hoch, und würde wohl uns alle nach der Eroberung Roms als Unterbediente behandeln.

MANCHE DER ÜBRIGEN GROSSEN. Die Unternehmung ist zu weit aussehend. – Nicht?

DER REST DER GROSSEN. Ja.

HERMANN. Gut. Ihr wollt euch lieber angreifen lassen, als angreifen. Rom wird mit erneueten Kräften wiederkommen, und ob es siegt, oder nicht, unser Boden bleibt die wüste Schlachtbank, welche wir wo anders hin verlegen könnten.

EIN BOTE *kommt.* Die Fürstin Thusnelda schickt mich: sie wünscht euch allen Glück zu eurem Sieg.

HERMANN. Sie wollte selbst hieher auf das Siegsfeld kommen.

BOTE. Sie sprach von dergleichen, murmelte aber: sie hätte einmal, wo es nötig gewesen, in der Schlacht Parade machen helfen, möcht's jetzt, wo es ohnehin gut gegangen wäre, nicht wieder tun, und sie erinnerte sich überhaupt eines solchen Versprechens nicht.

HERMANN. Weibergedächtnis!

BOTE. Sie lädt euch alle ein, bei ihr zu speisen und zu trinken. Auch ist schon für Hohe und Niedrige alles besorgt.

HERMANN. Da Varus und seine Römer tot sind, und ihr nicht Lust habt, den Sieg weiter zu verfolgen, so lad ich euch zum Schmaus in meinen Hünenringen ein.

ALLE. Es wird uns eine Ehre sein!

HERMANN *beiseit.* – Ach! – Wüßte das Palatium, daß diese sonst so tapfren Leute nur ein paar Meilen weit sehen, und lieber in der Nähe äßen und tränken, als es zu zertrümmern, so würd es bei der Nachricht meines Siegs nicht so erbeben, als es mit seinem zähneklappernden Herrn und Gestein tun wird.

Schluss

Rom. Palatium. Säulenhalle darin. Abend. Brennende Kerzen.
Augustus schlummert im Hintergrund auf einem Polster Tiberius und
Livia im Vorgrund.

TIBERIUS. Sprich leiser, Mutter, und schluchze nicht so laut. Laß uns still an seinen Schläfen wachen, – sie sind die müden Seiten einer Welt, die er lang beherrschte.

LIVIA. Und man sagt: ich hätte ihn vergiftet, damit du frühzeitiger den Thron bestiegst.

TIBERIUS. Nenne mir die Calumniatoren und sie sind erwürgt.

LIVIA. Ich ihn vergiften? Was hätt ich davon? Doch alberne Jungen, und gelehrte noch dümmere Geschichtschreiber, welche nie aus der Stube gekommen sind, werden das Gerücht als Wahrheit annehmen und verbreiten. – Ich ihn vergiften? Du, mein Sohn, wirst mir ein strengerer und kargerer Herrscher sein als er.

TIBERIUS. Du behältst den Titel Augusta. Dein Wittum wird anständig sein. Mit den Mühen deiner bisherigen Art von Mitregierung werd ich dich künftig auch nicht plagen.

LIVIA *für sich.* Das dacht ich!

AUGUSTUS *erwacht.* Wo ist Tiberius?

TIBERIUS. Er kniet zu deinen Füßen.

LIVIA. Gemahl, wie ist dir?

AUGUSTUS. Der nahe Tod streift die Welt von mir ab, als wäre sie mir mit ihren Sonnen und Sternen nur eine bunte Schlangenhaut. – Tiberius, steh auf. Ich bedaure dich. Dir, meinem Thronerben, wird ein furchtbares Los. Ich hatte viel Glück in meinem Leben, und konnte milde tun, weil alles noch in Gärung war, und ich nur nach Belieben zu mischen hatte. Nach meinem Tode werden alle niedergedrückten Patrizier und Optimalen sich erheben, und dir, den sie für einen Neuling ansehn werden, das junge Kaisertum streitig machen, um in den Wogen einer Republik ihre Vorteile zu erfischen. Halte mit dem Volk und dem Pöbel, nicht mit den Vornehmen und Reichen. Pöbel und Volk sind so gut von ihnen belästigt als wir Kaiser und bilden unsre sicherste Hülfe.

TIBERIUS. Ich danke dir für deine Lehre. Ich will den hohen Häuptern schon auf den Kopf schlagen.

AUGUSTUS. Klatscht in die Hände! Hab ich meine Rolle in allen Verhältnissen nicht gut gespielt? Livia, sei ruhig. Es tritt nur ein Schauspieler ab.

Waffengerassel der Prätorianer draußen im Vorhof.

AUGUSTUS. Welcher Lärm unter meiner germanischen Leibwacht stört mich an den Pforten des Todes?

EIN HAUPTMANN DER PRÄTORIANER *läßt sich anmelden und kommt nach erhaltener Erlaubnis in den Saal.* Herr, wir bitten um Entschuldigung. Nur Freude wars, die unsre Waffen so erschütterte. – Deine drei besten Legionen unter Varus sind nebst ihm ganz und gar von unsrem Hermann vertilgt, und ich bin von meinem Obersten befehligt, es dir zu melden. – Doch wenn uns diese Begebenheit auch lieb ist, zweifle nicht an unsrer Treue. Wir haben dir geschworen.

AUGUSTUS. Bei euch gilt noch ein Eid?

DER HAUPTMANN. Wir halten dran. *Ab.*

AUGUSTUS *sich mühsam aufrichtend.* Varus, Varus, gib mir meine Legionen wieder!

LIVIA UND TIBERIUS. Mäßige dich.

AUGUSTUS *sinkt wieder hin.* Ihr habt eben auf mein Ersuchen nicht in die Hände geklatscht, tuts jetzt gar nicht. Die drei Legionen waren die lebendigen kräftigsten Mauern des Reichs gegen das unermeßliche Germanien. Es wird nun bald seine Völker wie verwüstende Hagelwetter auf unsren Süden ausschütten.

LIVIA. Schone dich!

AUGUSTUS. Warum mich schonen? Ich sehe keinen Grund mehr unter mir, wenn mein Land untergeht *Mit brechender Stimme.* Sechshundert und vierzig Jahre stand Rom, als es unter Metellus und Papirius Carbos Konsulat zum ersten Mal hörte, daß die Kimbrer gegen es in Waffen seien, – wir vertilgten sie, – doch an Deutschland selbst bezwangen wir mehr als hundert Jahre umsonst, – weder der flüchtige Scythe noch der ebenso leichtfertige Parther wehrten sich gleich den freien, wie ihre Eichen auf ihrem Boden eingewurzelten Germanen. – Ihr lächelt? Glaubt mir, Rom altert wie sein Gottesdienst. Es beginnt eine neue Zeit. Nicht bloß aus dem Norden, auch aus Osten naht sie. Der Schilf des Jordans flüstert wunderbare Sagen. Herodes schreibt mir: drei Könige aus Äthiopien, Arabien und Indien hätten einen Stern gesehen, der ihnen mit Strahlen nach Bethlehem gewinkt haben soll. Sie sind dem Stern gefolgt, sind dort zusammengetroffen, und haben ein Kindlein gefunden, zwar nur in einer Krippe liegend, doch samt seiner Mutter umleuchtet von nie geahntem Himmelsglanz. Man sagt dort schon: unsre Götterlehre sei Posse, und dieses Kind sei der rechte Sohn der rechten Gottheit.

TIBERIUS. Ich werde dem dortigen Präfekten Pontius Pilatus und dem Judenkönig Herodes aufgeben, daß sie dieses Kind sobald als möglich aus dem Wege räumen.

AUGUSTUS. Ihr machts dadurch nur schlimmer – Der Gedanke an seine Sendung ist im Volk und je mehr ihr das Kind verfolgt, so größer wird es. Jesus Christus nennt man den Wunderknaben.

Er stirbt.

Biographie

1801
11. Dezember: Christian Dietrich Grabbe wird als einziges Kind eines Zuchthausaufsehers und späteren Leihbankverwalters in Detmold geboren.

1812
Ostern: Eintritt in das Detmolder Gymnasium.
Während der Gymnasialzeit umfangreiche Lektüre und erste dramatische Versuche unter dem Einfluss Shakespeares.

1817
Juli: Der sechzehnjährige Grabbe bietet dem Verleger Georg Joachim Göschen in Leipzig das Manuskript seines Dramas »Theodora« (nicht erhalten) an, das dieser jedoch ablehnt.

1819
Ostern: Grabbe wird aus moralischen Gründen das Reifezeugnis verweigert. Er muss die Abschlussklasse wiederholen.

1820
Mai: Nach der Erteilung des Reifezeugnisses beginnt Grabbe in Leipzig Jura zu studieren. Neben juristischen Kollegs besucht er auch historische und philosophische Vorlesungen.

1822
April: Fortsetzung des lustlos geführten Studiums in Berlin. Besuch der Kollegs von Georg Wilhelm Friedrich Hegel und Friedrich Karl von Savigny.
Juni: Vollendung des Dramas »Herzog Theodor von Gotland« (erscheint 1827 in den »Dramatischen Dichtungen«). Grabbe sendet das Stück an Ludwig Tieck, der ihm kritische Anerkennung zollt.
September: Abschluss der Arbeit an der Komödie »Scherz, Satire, Ironie und tiefere Bedeutung« (1827 in den »Dramatischen Dichtungen« gedruckt).
Bekanntschaft mit Heinrich Heine und Georg Ferdinand Kettembeil, seinem späteren Verleger.

1823
Grabbe versucht sich vergeblich als Autor, Schauspieler oder Dramaturg am Theater zu etablieren. Zu diesem Zweck unternimmt er von Berlin aus Reisen nach Leipzig, Dresden (auf Einladung Ludwig Tiecks) und Braunschweig (zu August Klingemann). Angesichts der Misserfolge gerät Grabbe in eine tiefe Lebenskrise.

1824

Grabbe wendet sich wieder dem Studium zu. Nach Ablegung des juristischen Staatsexamens erhält er die Erlaubnis, in Lippe als Advokat zu praktizieren.
Unterbrechung der schriftstellerischen Tätigkeit bis 1826.

1826

Herbst: Grabbe wird Militärgerichtsbeamter (Hilfsauditeur) beim lippischen Heer.

1827

Oktober: Seine bisher unveröffentlichten Jugendstücke erscheinen: »Dramatische Dichtungen nebst einer Abhandlung über die Shakespearo-Manie« (2 Bände). Der Erfolg der Publikation ermutigt ihn zu weiterer schriftstellerischer Tätigkeit.

1828

Januar: Beförderung zum lippischen Militärauditeur. Grabbe steht somit im Range eines Leutnants.
Arbeit an »Don Juan und Faust«.

1829

29. März: Grabbes Tragödie »Don Juan und Faust« (Musik von Albert Lortzing) wird als einziges Stück zu Lebzeiten des Autors am Hoftheater Detmold uraufgeführt. Die Buchausgabe erscheint im gleichen Jahr.
Arbeit an mehreren Geschichtsdramen, u. a. an »Kaiser Friedrich Barbarossa« (wird im gleichen Jahr gedruckt).

1830

Grabbe arbeitet an dem Drama »Napoleon oder die hundert Tage«, das im darauffolgenden Jahr veröffentlicht wird.
Frühjahr: Beginn der Liebe zu Henriette Meyer, mit der er sich ein Jahr später verlobt.
Grabbe begrüßt die französische Juli-Revolution.

1831

August: Reise nach Frankfurt, Rheinfahrt von Mainz nach Koblenz.
Herbst: Bruch mit Henriette Meyer.

1832

Wiederholte Krankheitsanfälle als Folge seiner Trunksucht.
Grabbe unterbricht seine schriftstellerische Tätigkeit bis 1834.

1833

März: Eheschließung mit der zehn Jahre älteren Louise Christiane Clostermeier, Tochter eines lippischen Archivrats.
Angesichts der als quälend empfundenen Amtsgeschäfte, der ablehnenden Haltung der Bühnen und einer unglücklich verlaufenden Ehe verschärft sich Grabbes Lebenskrise. Er beginnt die Amtsgeschäfte zu vernachlässigen und gibt sich zunehmend der Trunksucht hin.

1834
Februar: Grabbe beschließt, den Beruf aufzugeben, und reicht ein Gesuch um die Entlassung aus dem lippischen Staatsdienst ein.
Er beginnt mit der Arbeit an dem Geschichtsdrama »Hannibal«.
Oktober: Flucht Grabbes zu seinem Verleger nach Frankfurt am Main, mit dem er sich jedoch bald überwirft.
Dezember: Weiterreise zu Karl Immermann nach Düsseldorf, der ihn finanziell unterstützt.
16. Dezember: Entlassung aus dem Staatsdienst.

1835
Grabbe beendet sein Drama »Hannibal« und arbeitet an dem Drama »Die Hermannsschlacht« und der Abhandlung »Das Theater zu Düsseldorf mit Rückblicken auf die übrige deutsche Schaubühne«.
Mit Immermanns Unterstützung erscheinen »Hannibal«, »Aschenbrödel« und »Das Theater zu Düsseldorf«.
November: Grabbe beginnt mit seiner Tätigkeit als Theaterkritiker (bis Mai 1836).

1836
Erkrankung an Rückenmarkschwindsucht. Zudem verschlimmert sich Grabbes Trunksucht.
26. Mai: Grabbe kehrt vereinsamt und gescheitert nach Detmold zurück, wo er sich nur mit Hilfe der Polizei Einlaß in das Haus seiner Frau verschaffen kann.
Juni: Abschluss der Arbeit an der »Hermannsschlacht« (erscheint postum 1838).
12. September: Grabbe stirbt im Alter von 34 Jahren in Detmold.

CPSIA information can be obtained at www.ICGtesting.com
Printed in the USA
LVOW10s1703200614

391009LV00029B/786/P